Impressum
Verlag: BABADADA GmbH, Nedderfeld 112 , 22529 Hamburg
Geschäftsführer / Verlagsleitung: Harald Hof
Druck: Books on Demand GmbH, In de Tarpen 42, 22848 Norderstedt

Imprint
Publisher: BABADADA GmbH, Nedderfeld 112 , 22529 Hamburg, Germany
Managing Director / Publishing direction: Harald Hof
Print: Books on Demand GmbH, In de Tarpen 42, 22848 Norderstedt, Germany

de School

mokykla

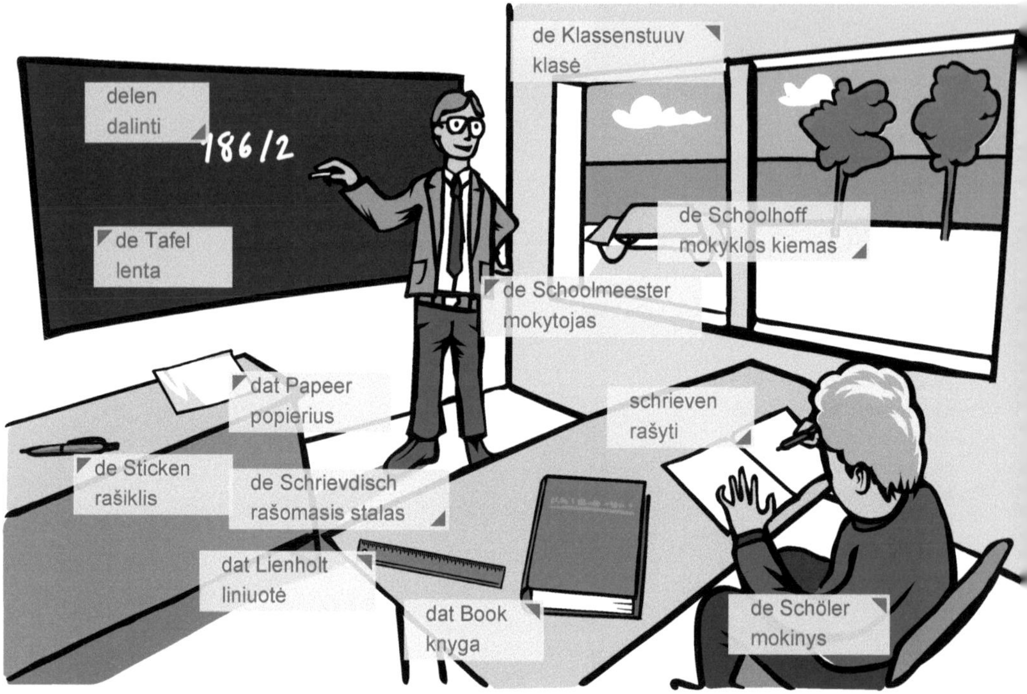
de Klassenstuuv
klasė
delen
dalinti
186/2
de Tafel
lenta
de Schoolhoff
mokyklos kiemas
de Schoolmeester
mokytojas
dat Papeer
popierius
schrieven
rašyti
de Sticken
rašiklis
de Schrievdisch
rašomasis stalas
dat Lienholt
liniuotė
dat Book
knyga
de Schöler
mokinys

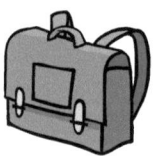

de Ranzel

kuprinė

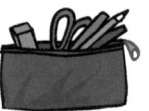

de Feddermapp

penalas

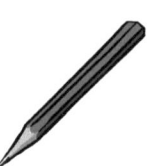

de Bleesticken

pieštukas

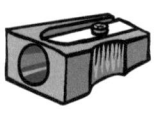

de Scharpmaker

drožtukas

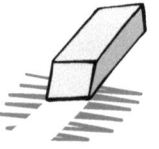

dat Radeergummi

trintukas

de Tekenblock

piešimo bloknotas

de Teken

piešinys

de Pinsel

teptukas

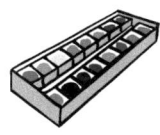

de Malkassen

dažų dėžutė

de Scheer

žirklės

de Klever

klijai

dat Heft to'n Öven

vadovėlis

de Huusopgaav

namų darbai

de Tall

numeris

tohooptellen

pridėti

aftrecken

atimti

malnehmen

dauginti

reken

skaičiuoti

de Bookstaav

raidė

dat ABC

abėcėlė

dat Woort

žodis

de Text
tekstas

lesen
skaityti

de Kried
kreida

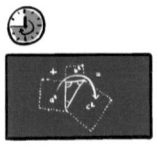

de Stunn
pamoka

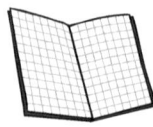

dat Klassenbook
dienynas

de Pröven
egzaminas

dat Tüügnis
pažymėjimas

de Schooluniform
mokyklinė uniforma

de Utbillen
išsilavinimas

dat Nakieksel
enciklopedija

de Universität
universitetas

dat Mikroskop
mikroskopas

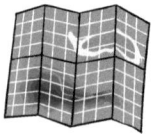

de Koort
žemėlapis

de Papeerkorf
šiukšliadėžė

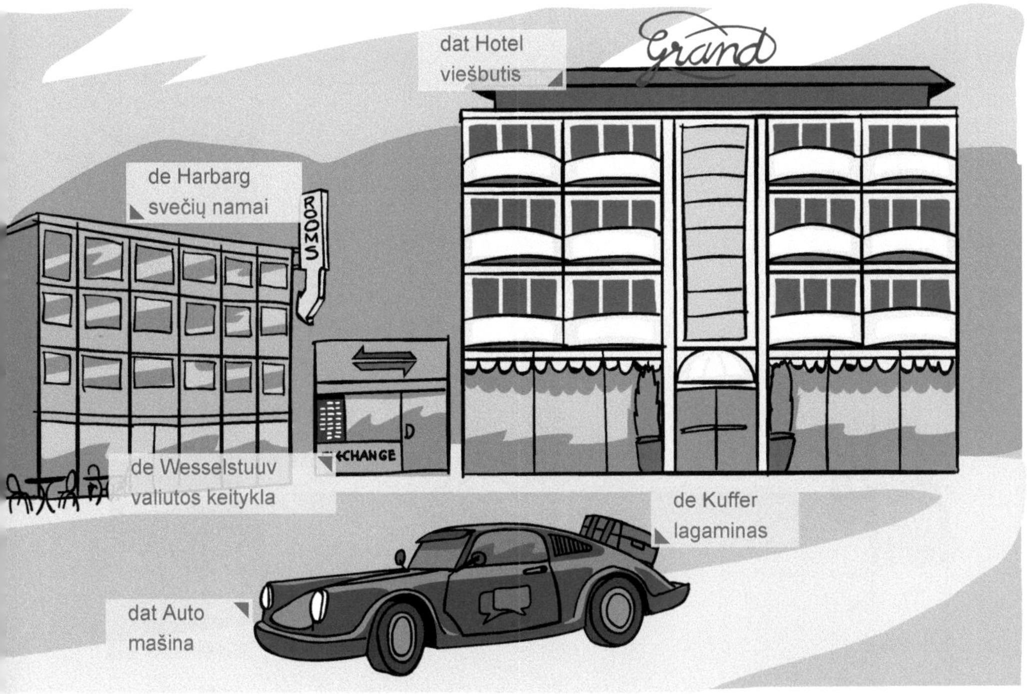

dat Hotel
viešbutis
Grand
de Harbarg
svečių namai
ROOMS
de Wesselstuuv
valiutos keitykla
EXCHANGE
de Kuffer
lagaminas
dat Auto
mašina

de Spraak

kalba

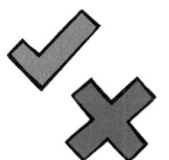

jo / ne

taip / ne

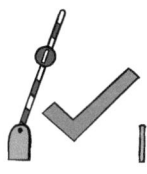

Jo

Gerai

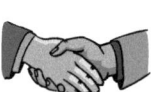

Moin

sveiki

de Översetter

vertėjas raštu

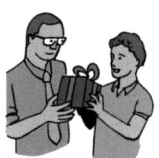

Dank ok

Ačiū

Wat kost...?

kiek kainuoja...?

Ik verstah nich

aš nesuprantu

dat Problem

problema

Goden Avend

Labas vakaras!

Moin!

Labas rytas!

Gode Nacht!

Labos nakties!

Tschüüs

viso gero

de Richt

kryptis

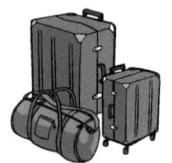

de Bagaasch

bagažas

de Tasch

krepšys

de Rüchsack

kuprinė

de Gast

svečias

de Stuuv

kambarys

de Slaapsack

miegmaišis

dat Telt

palapinė

e Touristeninformatschoon

turizmo informacija

de Strand

paplūdimys

de Kreditkoort

kreditinė kortelė

dat Fröhstück

pusryčiai

dat Meddageten

pietūs

dat Avendeten

vakarienė

de Fohrkort

bilietas

de Fohrstohl

liftas

de Breefmark

pašto ženklas

de Grenz

siena

de Toll

muitinė

de Bottschop

ambasada

dat Visum

viza

de Pass

pasas

de Transport
transportas

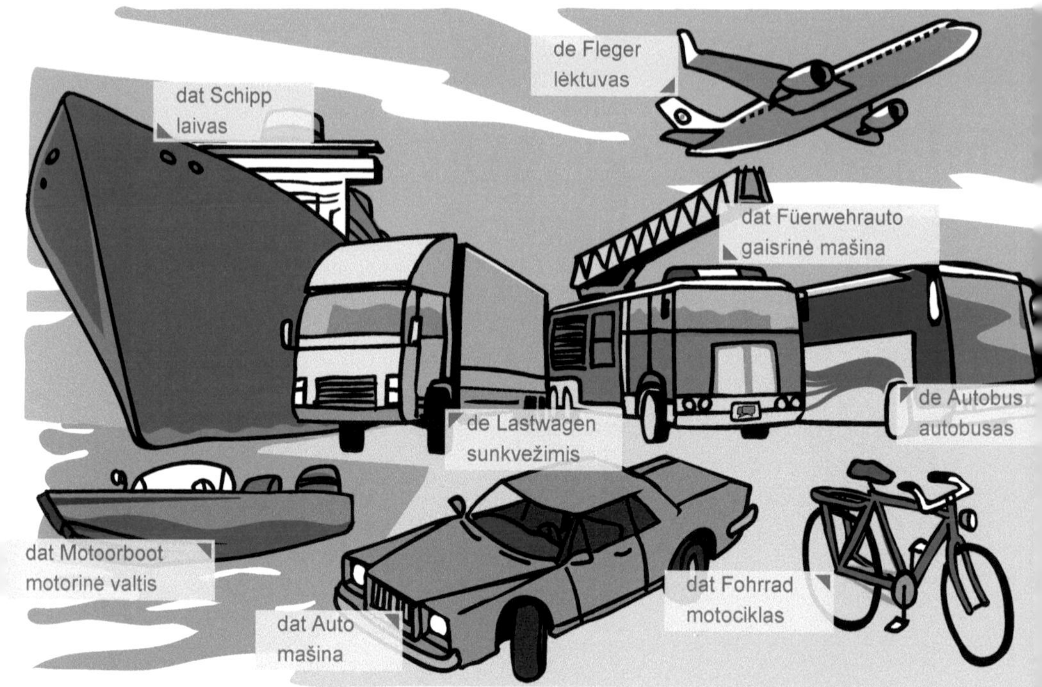
de Fleger
lėktuvas
dat Schipp
laivas
dat Füerwehrauto
gaisrinė mašina
de Autobus
autobusas
de Lastwagen
sunkvežimis
dat Motoorboot
motorinė valtis
dat Fohrrad
motociklas
dat Auto
mašina

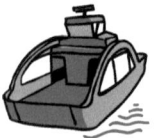

de Fähr

keltas

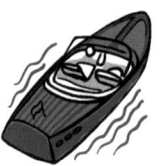

dat Boot

valtis

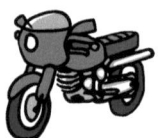

dat Motoorrad

mopedas

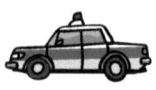

dat Polizeiauto

policijos automobilis

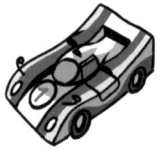

dat Rönnauto

lenktyninis automobilis

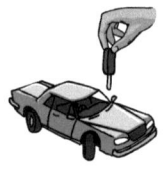

de Lehnwagen

nuomojamas automobilis

dat Carsharing

bendras automobilio naudojimas

de Afsleepwagen

techninės pagalbos automobilis

dat Müllauto

šiukšliavežė

de Motoor

variklis

de Kraftstoff

degalai

de Tanksteed

degalinė

dat Verkehrsschild

kelio ženklas

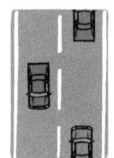

de Verkehr

eismas

de Stau

eismo spūstis

de Afstellplatz

mašinų stovėjimo aikštelė

de Bahnhoff

traukinių stotis

de Sporen

bėgiai

de Tog

traukinys

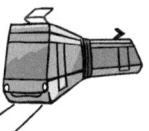

de Stratenbahn

tramvajus

de Wagon

vagonas

de Dwarsmöhl

sraigtasparnis

de Flooghaven

oro uostas

de Tower

bokštas

de Fohrgast

keleivis

de Grootkist

konteineris

de Karton

dėžė

de Koor

vežimėlis

de Korf

krepšys

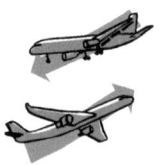

starten / lannen

pakilti / nusileisti

de Stadt

miestas

dat Dörp

kaimas

de Binnenstadt

miesto centras

dat Huus

namas

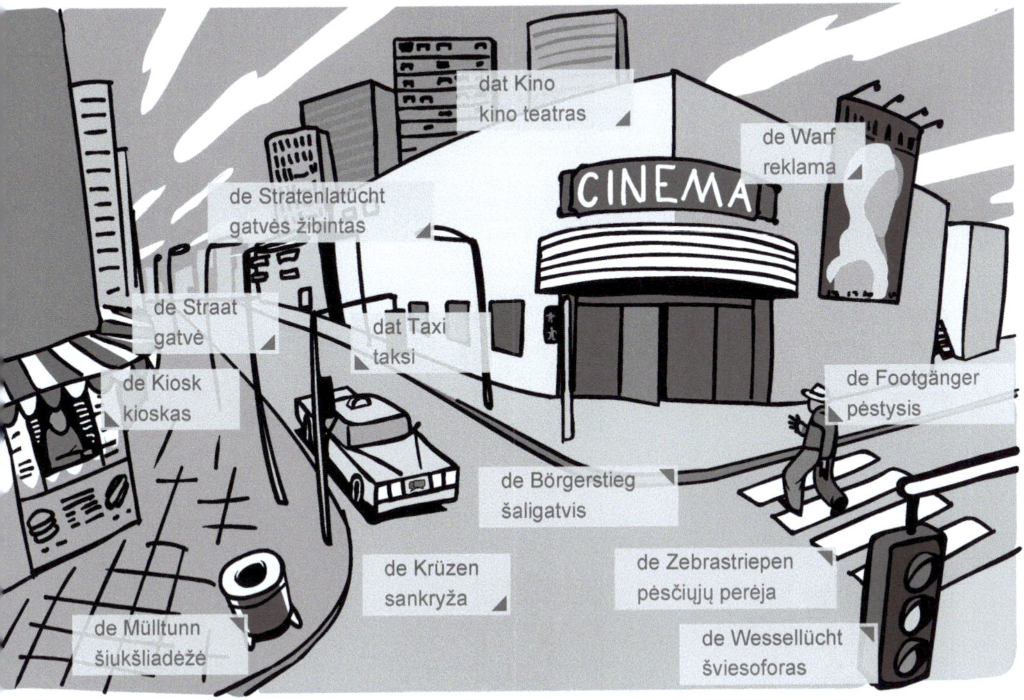

dat Kino
kino teatras

de Warf
reklama

de Stratenlatücht
gatvės žibintas

CINEMA

de Straat
gatvė

dat Taxi
taksi

de Kiosk
kioskas

de Footgänger
pėstysis

de Börgerstieg
šaligatvis

de Krüzen
sankryža

de Zebrastriepen
pėsčiųjų perėja

de Mülltunn
šiukšliadėžė

de Wessellücht
šviesoforas

de Hütt
trobelė

de Wahnung
butas

de Bahnhoff
traukinių stotis

dat Raathuus
rotušė

dat Museum
muziejus

de School
mokykla

de Universität

universitetas

de Bank

bankas

dat Krankenhuus

ligoninė

dat Hotel

viešbutis

de Afteek

vaistinė

dat Büro

biuras

de Bookhökerie

knygynas

de Hökerie

parduotuvė

de Blomenhökerie

gėlių parduotuvė

de Supermarkt

prekybos centras

de Markt

turgus

dat Koophuus

universalinė parduotuvė

de Fischhökerie

žuvies parduotuvė

dat Inkoopszentrum

prekybos centras

de Haven

uostas

de Stadt - miestas

de Parkanlaag

parkas

de Bank

suoliukas

de Brüch

tiltas

de Trepp

laiptai

de Ünnergrundbahn

metro

de Tunnel

tunelis

de Busstoppsteed

autobusų stotelė

de Bar

baras

dat Spieslokal

restoranas

de Breefkassen

lauko pašto dėžutė

dat Stratenschild

kelio ženklas

de Parkklock

parkomatas

de Deertenpark

zoologijos sodas

de Baadanstalt

baseinas

de Moschee

mečetė

de Buernhoff

ūkininko ūkis

de Ümweltversmudden

tarša

de Karkhoff

kapinės

de Kark

bažnyčia

de Speelplatz

žaidimų aikštelė

de Tempel

šventykla

de Landschop
kraštovaizdis

dat Blatt
lapas

de Wiespahl
kelio rodyklė

de Weg
kelias

de Wisch
pieva

de Steen
akmuo

de Boom
medis

de Wannerer
ėjikas

de Fluss
upė

dat Gras
žolė

de Bloom
gėlė

dat Daal

slėnis

de Barg

kalva

de See

ežeras

dat Holt

miškas

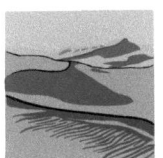

de Wööst

dykuma

de Füerspien Barg

ugnikalnis

dat Slott

pilis

de Regenbagen

vaivorykštė

de Poggenstohl

grybas

de Palm

palmė

de Steekmück

uodas

de Fleeg

musė

de Miegeemk

skruzdėlė

de Imm

bitė

de Spinn

voras

de Sebber

vabalas

de Pogg

varlė

de Katteker

voverė

de Swienegel

ežys

de Haas

kiškis

de Uul

pelėda

de Vagel

paukštis

de Swaan

gulbė

dat Wildswien

šernas

de Hirsch

elnias

de Elk

briedis

de Staudamm

užtvanka

dat Windrad

vėjo jėgainė

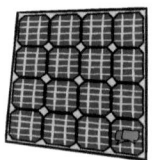

dat Solarmodul

saulės baterija

dat Klima

klimatas

dat Spieslokal
restoranas

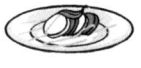

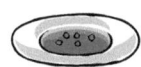

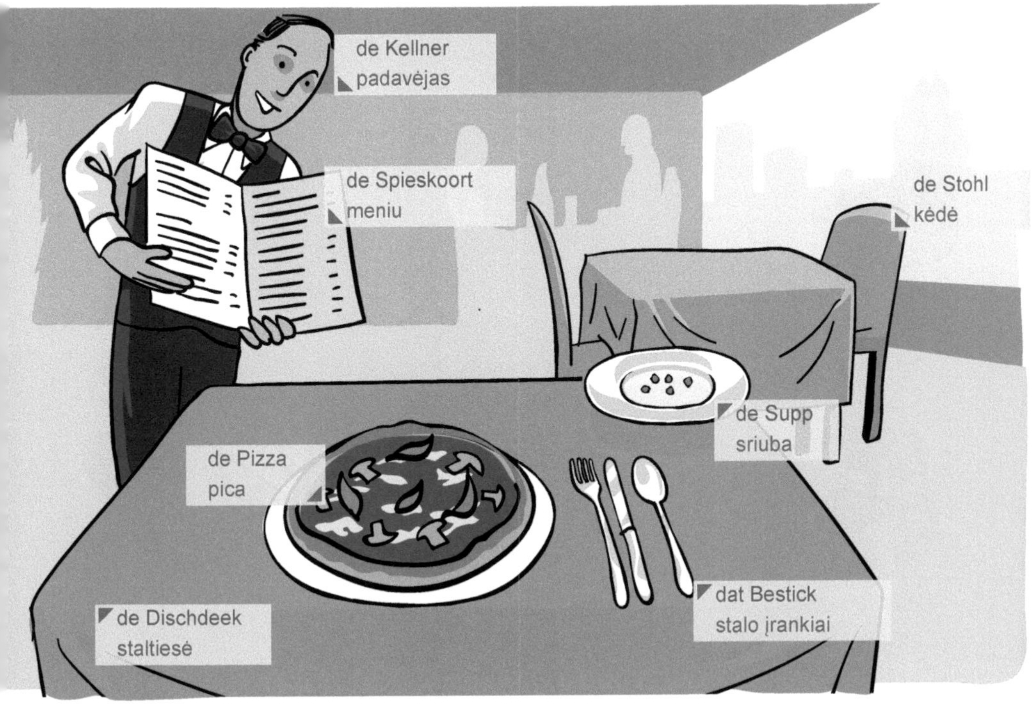
de Kellner
padavėjas
de Spieskoort
meniu
de Stohl
kėdė
de Supp
sriuba
de Pizza
pica
dat Bestick
stalo įrankiai
de Dischdeek
staltiesė

de Vörspies
....
užkandis

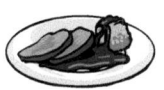

dat Haupteten
....
pagrindinis patiekalas

de Nadisch
....
desertas

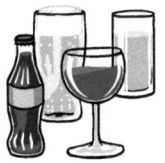

de Drünk
....
gėrimai

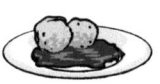

dat Eten
....
maistas

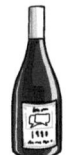

de Buddel
....
butelis

dat Fastfood

greitai pateikiamas maistas

dat Strateneten

gatvės maistas

de Teekann

arbatinukas

de Zuckerdoos

cukrinė

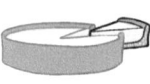

de Portschoon

porcija

de Espressomaschien

espreso aparatas

de Hoochstohl

aukšta kėdė

de Reken

sąskaita

dat Tablett

padėklas

dat Mess

peilis

de Gavel

šakutė

de Lepel

šaukštas

de Teelepel

arbatinis šaukštelis

dat Munddook

servetėlė

dat Glas

stiklinė

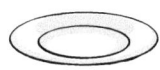

de Töller

lėkštė

de Suppentöller

sriubos lėkštė

de Ünnertass

padėklas

de Sooß

padažas

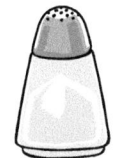

de Soltstreuer

druskinė

de Pepermöhl

pipirų malūnėlis

de Etig

actas

dat Ööl

aliejus

de Krüder

prieskoniai

de Ketchup

kečupas

de Mostrich

garstyčios

de Mayonnaise

majonezas

de Supermarkt

prekybos centras

dat Anbott
specialus pasiūlymas
FOR
de Kunn
pirkėjas
de Melkprodukten
pieno produktai
dat Aaft
vaisiai
de Inkoopswagen
troleibusas

BUTCHERS

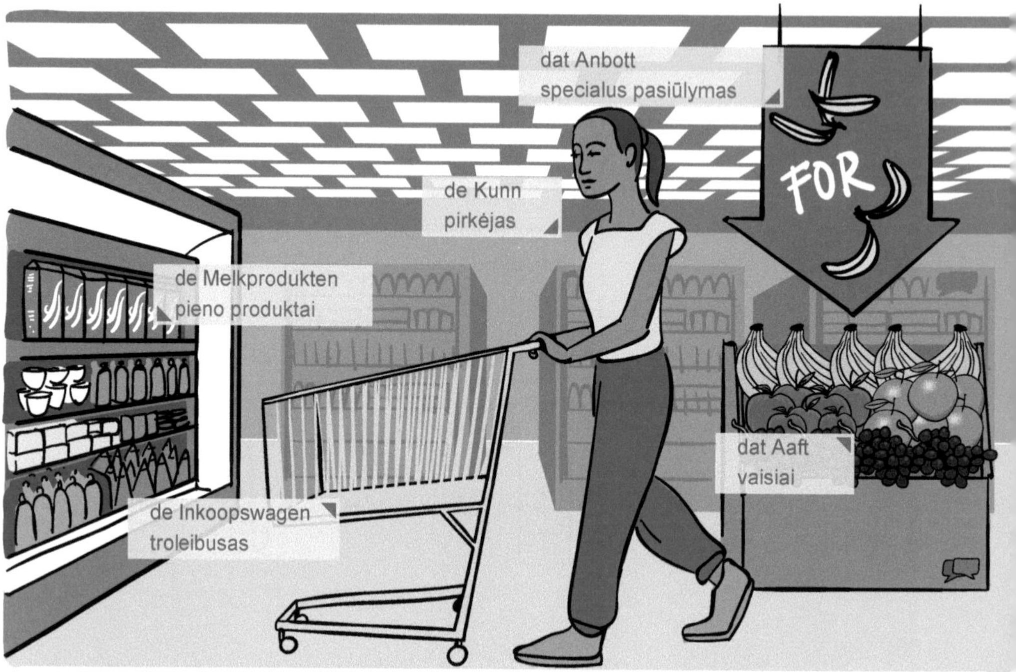

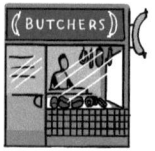

de Slachterie

mėsos parduotuvė

BAKERY

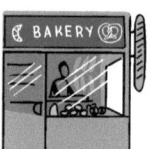

de Bäckerie

kepykla

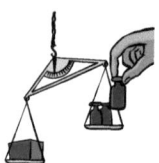

wegen

sverti

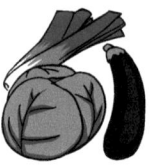

de Gröönsaken

daržovės

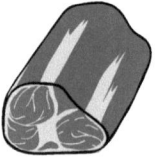

dat Fleesch

mėsa

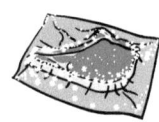

de Deepköhlkost

šaldytas maistas

de Opsnitt

šalti mėsos užkandžiai

de Konserven

konservai

de Waschmiddel

skalbimo milteliai

de Snoopkraam

saldumynai

de Huushooltssaken

ūkinės prekės

de Reinmaaktüüch

valymo priemonės

de Verköpersche

pardavėja

de Kass

kasos aparatas

de Kasserer

kasininkas

de Inkoopslist

pirkinių sąrašas

de Opsparrtieden

darbo valandos

de Breeftasch

piniginė

de Kreditkoort

kreditinė kortelė

de Tasch

maišelis

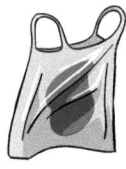

de Plastiktüüt

plastikinis maišelis

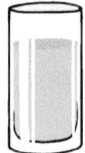

dat Water

vanduo

de Saft

sultys

de Melk

pienas

de Cola

kola

de Wien

vynas

dat Beer

alus

de Spriet

alkoholis

de Kakao

kakava

de Tee

arbata

de Koffie

kava

de Espresso

espresas

de Cappucino

kapučinas

de Banaan

bananas

de Appel

obuolys

de Appelsien

apelsinas

de Meloon

arbūzas

de Zitroon

citrina

de Wöttel

morka

de Knuuvlook

česnakas

de Bambus

bambukas

de Zibbel

svogūnas

de Poggenstohl

grybas

de Nööt

riešutai

de Nudeln

makaronai

de Spaghetti

spagečiai

de Ries

ryžiai

de Salat

salotos

de Pommes frites

traškučiai

de Braadkantüffeln

keptos bulvės

de Pizza

pica

de Hamborger

mėsainis

dat Sandwich

sumuštinis

dat Snitzel

pjausnys

de Schinken

kumpis

de Salami

saliamis

de Wust

dešrelė

dat Hohn

vištiena

de Braden

kepsnys

de Fisch

žuvis

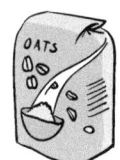

de Haverflocken

avižų dribsniai

dat Müsli

dribsniai su priedais

de Cornflakes

kukurūzų dribsniai

dat Mehl

miltai

de Croissant

prancūziškasis ragelis

dat Rundstück

bandelė

dat Broot

duona

dat Toast

skrebutis

de Keksen

sausainiai

de Botter

sviestas

de Quark

varškė

de Koken

tortas

dat Ei

kiaušinis

dat Spegelei

kiaušinienė

de Kees

sūris

de Ies

ledai

de Zucker

cukrus

de Honnig

medus

de Marmelaad

uogienė

de Nougat-Creme

tepamas šokoladas

dat Curry

karis

de Buernhoff
ūkininko ūkis

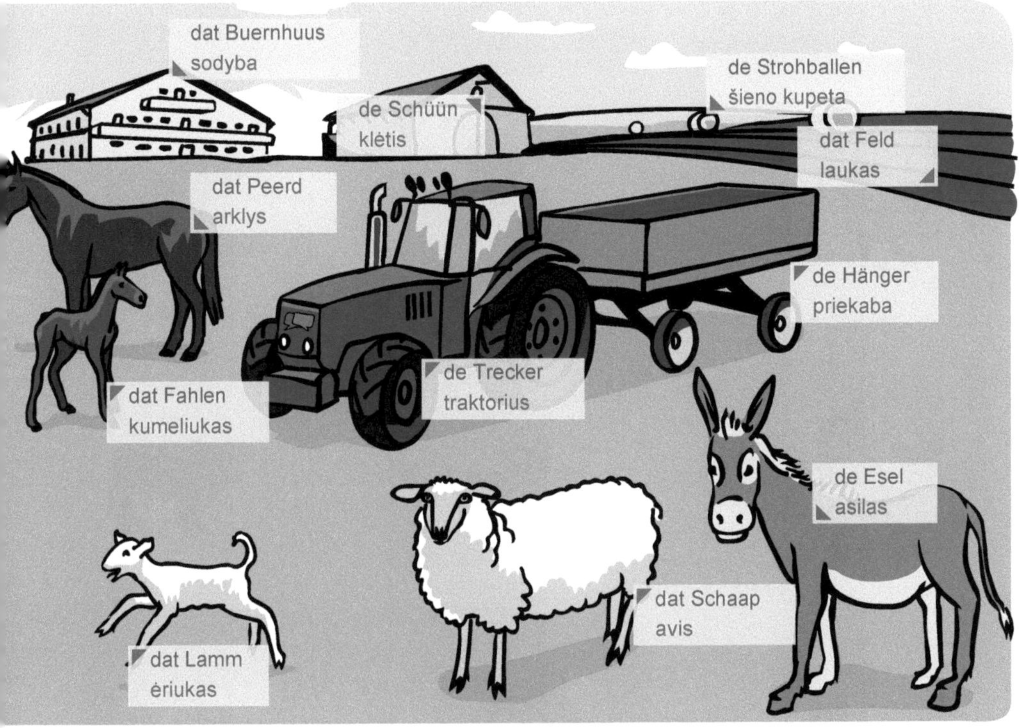
dat Buernhuus
sodyba
de Schüün
klėtis
de Strohballen
šieno kupeta
dat Feld
laukas
dat Peerd
arklys
de Hänger
priekaba
de Trecker
traktorius
dat Fahlen
kumeliukas
de Esel
asilas
dat Schaap
avis
dat Lamm
ėriukas

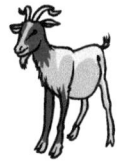

de Zeeg

ožys

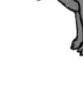

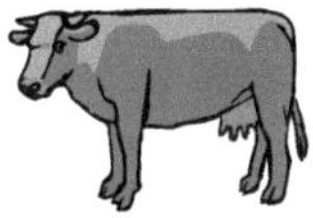

de Koh

karvė

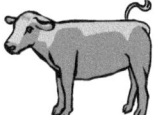

dat Kalf

veršis

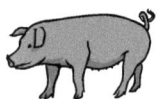

dat Swien

kiaulė

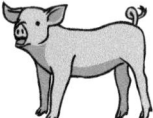

dat Farken

paršelis

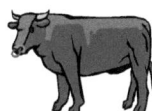

de Bull

bulius

de Goos

žąsis

de Aant

antis

dat Küken

viščiukas

dat Hohn

višta

de Hahn

gaidys

de Rott

žiurkė

de Katt

katė

de Muus

pelė

de Oss

jautis

de Hund

šuo

de Hunnenhütt

šuns būda

de Goornslauch

sodo namas

de Geetkann

laistytuvas

de Lee

dalgis

de Ploog

plūgas

de Sich

pjautuvas

de Hack

kauptukas

de Mestfork

šakės

de Ext

kirvis

de Schuufkoor

statinė

de Trog

lovys

de Melkkann

bidonas

de Sack

maišas

de Tuun

tvora

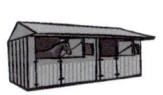

de Stall

arklidė

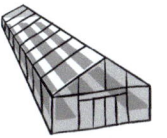

dat Drievhuus

šiltnamis

de Bodden

dirva

de Saat

sėkla

de Dünger

trąšos

de Meihdöscher

kombainas

oornen

rinkti

de Oorn

derlius

de Yamswöttel

saldžiosios bulvės

de Weten

kviečiai

dat Soja

soja

de Kantüffel

bulvė

de Törksche Weten

kukurūzai

de Rapp

rapsai

de Aaftboom

vaismedis

de Troopsch Kantüffel

manijokas

dat Koorn

grūdai

dat Huus
namas

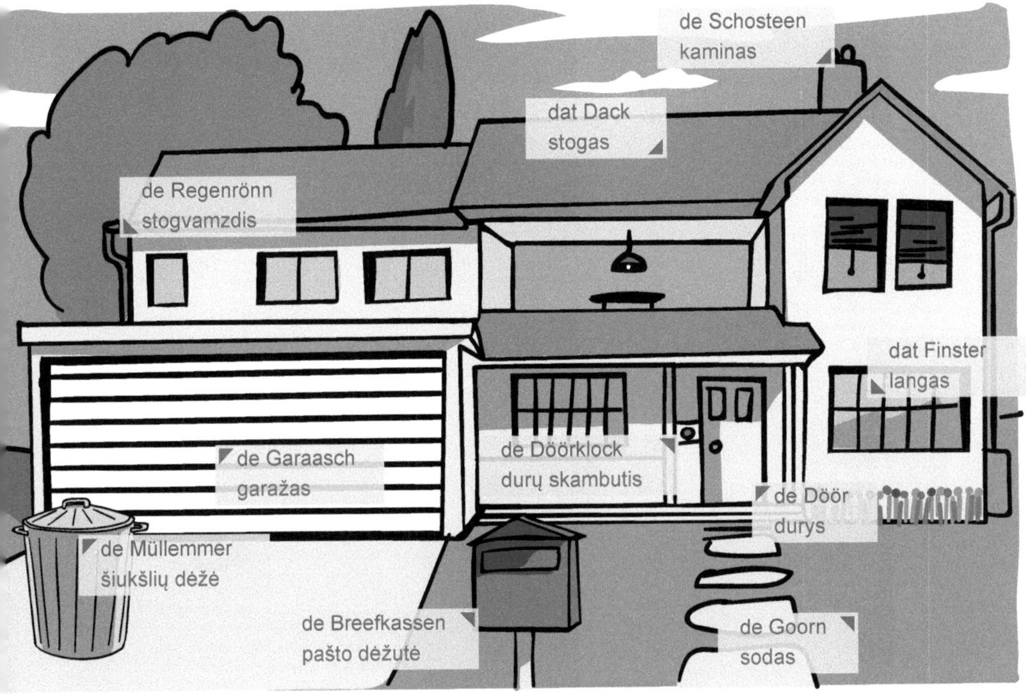

de Schosteen
kaminas
dat Dack
stogas
de Regenrönn
stogvamzdis
dat Finster
langas
de Dööörklock
durų skambutis
de Garaasch
garažas
de Döör
durys
de Müllemmer
šiukšlių dėžė
de Breefkassen
pašto dėžutė
de Goorn
sodas

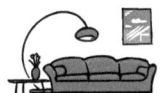

de Wahnstuuv

svetainė

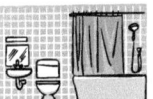

de Baadstuuv

vonios kambarys

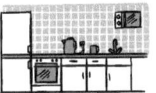

de Köök

virtuvė

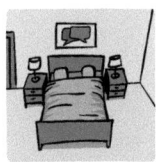

de Slaapstuuv

miegamasis

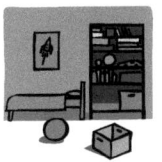

de Kinnerstuuv

vaiko kambarys

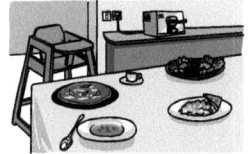

de Eetstuuv

valgomasis

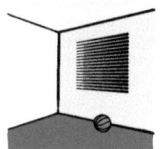

de Footbodden

grindys

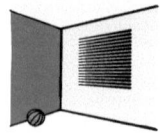

de Wand

siena

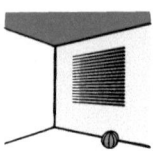

de Deek

lubos

de Keller

rūsys

dat Hittluftbad

sauna

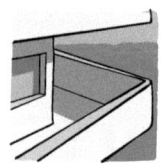

de Balkon

balkonas

de Terrass

terasa

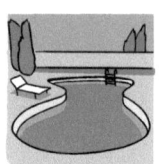

dat Swümmbad

baseinas

de Rasenmeiher

žoliapjovė

de Bettbetog

paklodė

de Bettdeek

lovatiesė

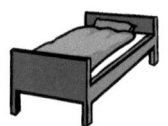

de Puuch

lova

de Bessen

šluota

de Emmer

kibiras

de Schalter

jungiklis

de Wahnstuuv

svetainė

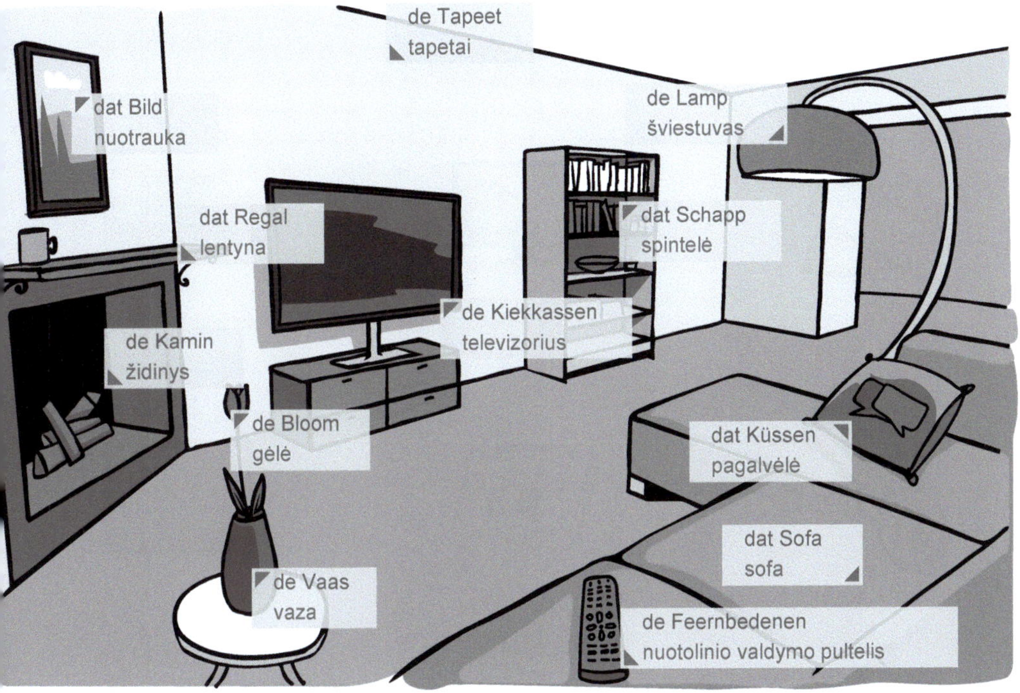

de Tapeet
tapetai
dat Bild
nuotrauka
de Lamp
šviestuvas
dat Regal
lentyna
dat Schapp
spintelė
de Kiekkassen
televizorius
de Kamin
židinys
de Bloom
gėlė
dat Küssen
pagalvėlė
dat Sofa
sofa
de Vaas
vaza
de Feernbedenen
nuotolinio valdymo pultelis

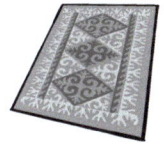

de Teppich

kilimas

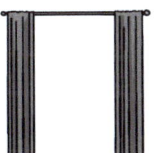

de Vörhang

užuolaida

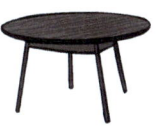

de Disch

stalas

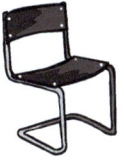

de Stohl

kėdė

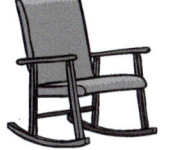

de Schuckelstohl

supamasis krėslas

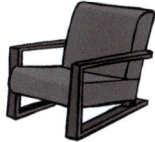

de Sessel

fotelis

dat Book
knyga

de Deek
antklodė

de Dekoratschoon
papuošimai

dat Füerholt
malkos

de Film
filmas

de Stereoanlaag
stereo aparatūra

de Slötel
raktas

dat Narichtenblatt
laikraštis

dat Gemälde
paveikslas

dat Poster
plakatas

dat Radio
radijas

de Opschrievblock
užrašų knygelė

de Huulbessen
dulkių siurblys

de Kaktus
kaktusas

de Kars
žvakė

de Köök
virtuvė

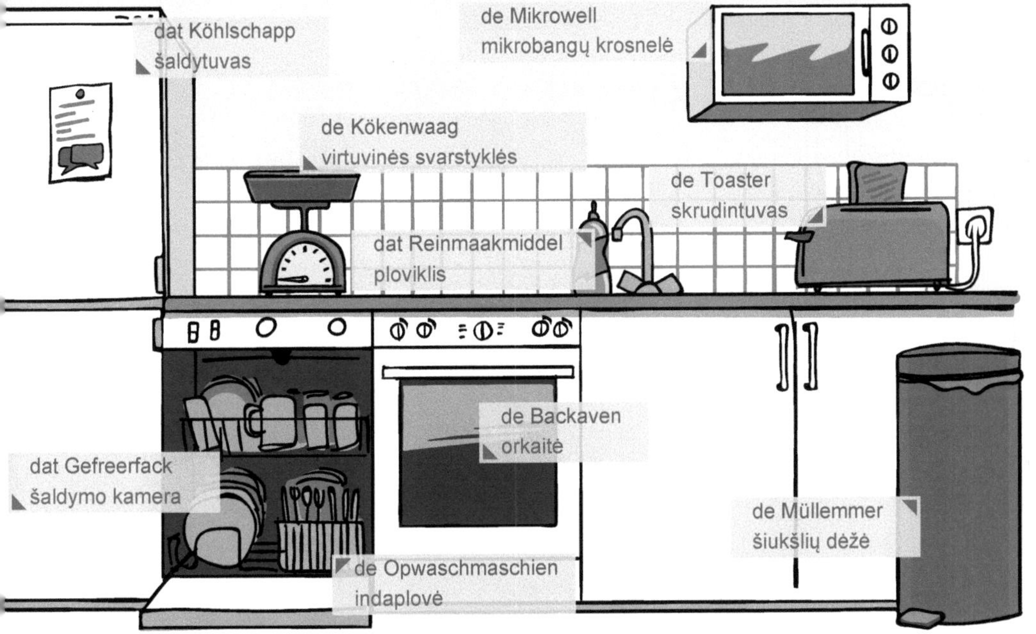

dat Köhlschapp
šaldytuvas
de Mikrowell
mikrobangų krosnelė
de Kökenwaag
virtuvinės svarstyklės
de Toaster
skrudintuvas
dat Reinmaakmiddel
ploviklis
de Backaven
orkaitė
dat Gefreerfack
šaldymo kamera
de Müllemmer
šiukšlių dėžė
de Opwaschmaschien
indaplovė

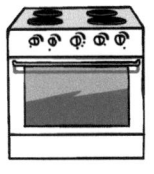

de Heerd

viryklė

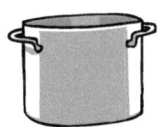

de Pott

puodas

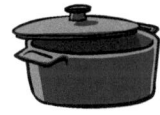

de Gussiesern Putt

ketaus puodas

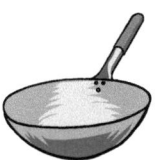

de Wok / Kadai

„wok“ keptuvė

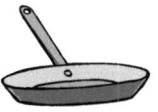

de Pann

keptuvė

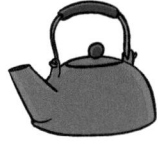

de Waterkaker

virdulys

de Dampkaakputt

garų puodas

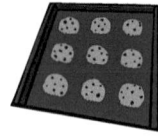

dat Backblick

kepimo skarda

dat Geschirr

porceliano indai

de Beker

puodelis

de Schaal

dubuo

de Eetsticken

valgomosios lazdelės

de Suppenkell

samtis

de Pannenwenner

mentelė

de Sneebessen

plaktuvas

dat Kaakseef

koštuvas

dat Seef

sietas

de Riev

trintuvė

de Mörser

grūstuvė

de Grill

kepsninė

de Füerstell

atvira liepsna

de Köök - virtuvė

dat Sniedbrett

pjaustymo lentelė

dat Nudelholt

kočėlas

de Proppentrecker

kamščiatraukis

de Doos

skardinė

de Dosenaapner

skardinių atidarytuvas

de Pottlappen

puodkėlė

dat Waschbecken

kriauklė

de Böst

šepetys

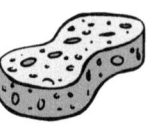

de Swamm

kempinė

de Mixer

trintuvas

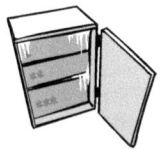

dat Iesschapp

šaldiklis

de Nuckelbuddel

kūdikių buteliukas

de Waterhahn

čiaupas

de Köök - virtuvė

de Baadstuuv
vonios kambarys

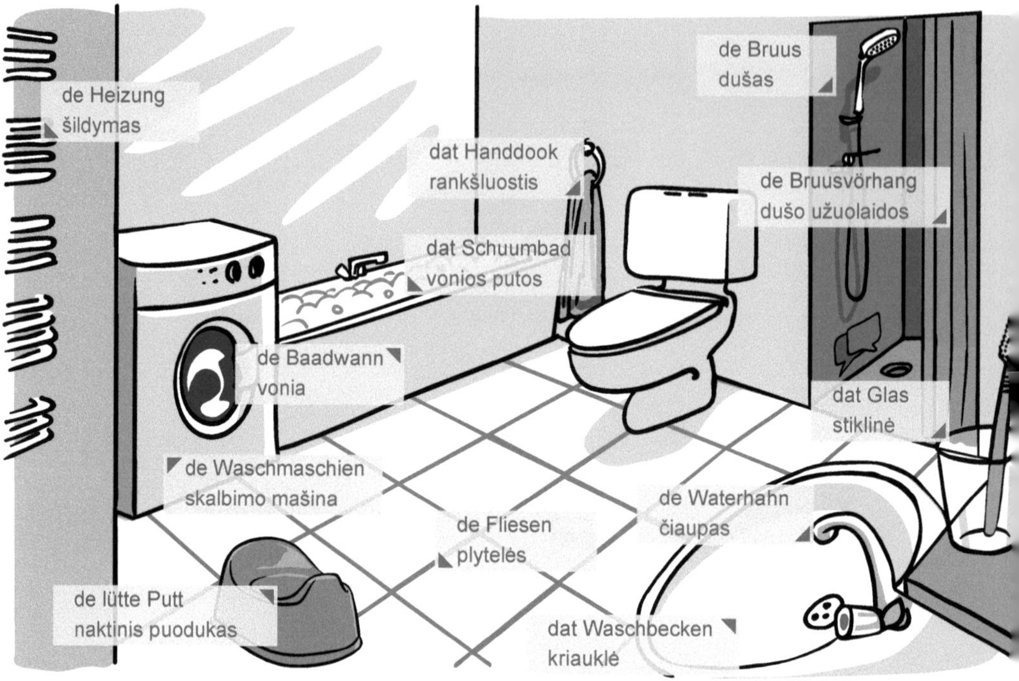

de Bruus
dušas

de Heizung
šildymas

dat Handdook
rankšluostis

de Bruusvörhang
dušo užuolaidos

dat Schuumbad
vonios putos

de Baadwann
vonia

dat Glas
stiklinė

de Waschmaschien
skalbimo mašina

de Fliesen
plytelės

de Waterhahn
čiaupas

de lütte Putt
naktinis puodukas

dat Waschbecken
kriauklė

de Tante Meier

unitazas

de Hockklo

tupimasis unitazas

dat Bidet

bidė

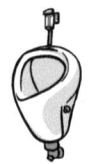

dat Miegbecken

pisuaras

dat Klopapeer

tualetinis popierius

de Kloböst

unitazo šepetys

de Tähnböst

dantų šepetėlis

de Tähnpast

dantų pasta

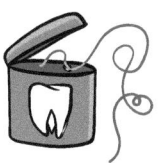

de Tähnsied

dantų siūlas

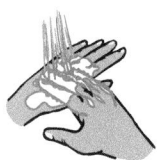

waschen

plauti

de Handbruus

dušo galvutė

de Intimbruus

higieninis dušas

de Waschschöttel

praustuvas

de Rüchböst

nugaros plaušinė

de Seep

muilas

dat Bruusgeel

dušo želė

dat Hoorwaschmiddel

šampūnas

de Waschlappen

plaušinė

de Afloop

kanalizacija

de Creme

kremas

dat Deodorant

dezodorantas

de Spegel

veidrodis

de Kosmetikspegel

veidrodėlis

de Raserer

skustuvas

de Raseerschuum

skutimosi putos

dat Raseerwater

losjonas po skutimosi

de Kamm

šukos

de Böst

šepetys

de Hoordröger

plaukų džiovintuvas

dat Hoorspray

plaukų lakas

de Smink

makiažas

de Lippensticken

lūpdažis

de Nagellack

nagų lakas

de Watt

vata

de Nagelscheer

žirklutės nagams

dat Rüükwater

kvepalai

de Kulturbüdel

maišelis skalbiniams

de Schemel

taburetė

de Waag

svarstyklės

de Baadmantel

chalatas

de Gummihanschen

guminės pirštinės

de Tampon

tamponas

de Damenbinn

higieninis įklotas

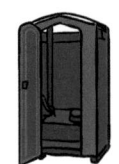

dat Chemieklo

biotualetas

de Kinnerstuuv
vaiko kambarys

de Wecker
žadintuvas
dat Knudeldeert
pliušinis žaislas
dat Speeltüüchauto
žaislinė mašinėlė
de Klöter
barškutis
dat Poppenhuus
lėlės namelis
dat Geschenk
dovana

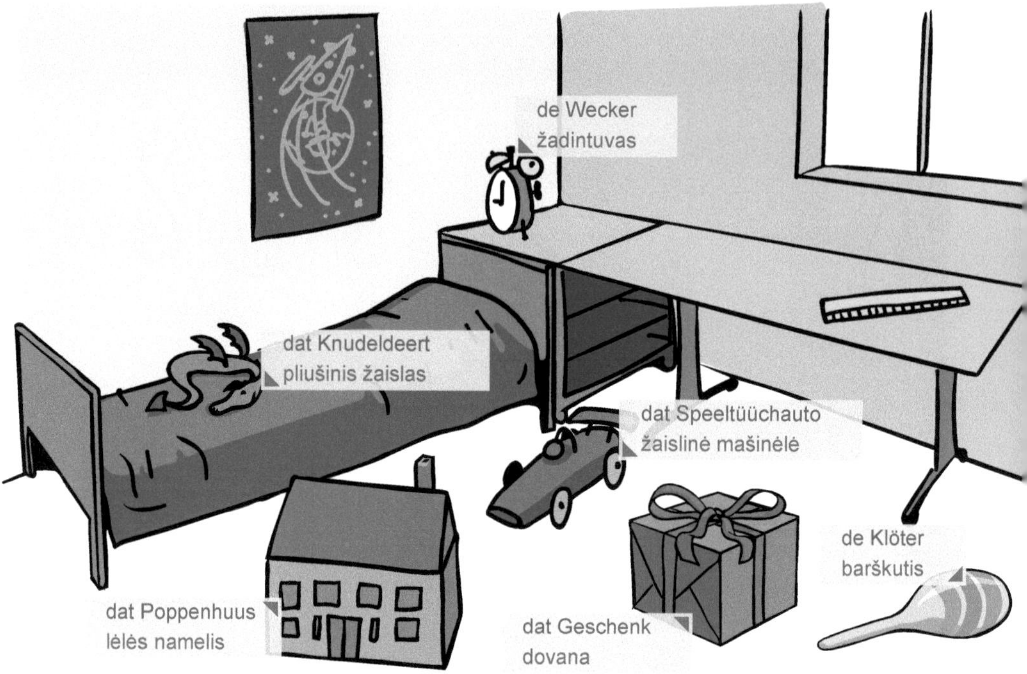

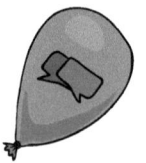

de Luftballon

balionas

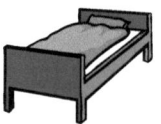

de Puuch

lova

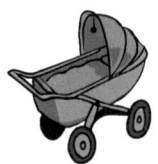

de Kinnerwagen

vaikiškas vežimėlis

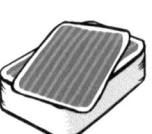

dat Koortenspeel

kortų malka

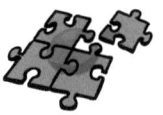

dat Puzzle

delionė

SUPER
MEGA

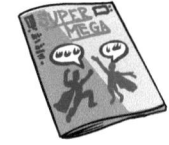

de Billergeschicht

komiksai

de Legostenen

lego kaladėlės

de Bustenen

žaislinės kaladėlės

de Action-Figur

figūrėlė

de Strampelantog

šliaužtinukai

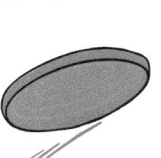

de Frisbeeschiev

mėtymo lėkštė

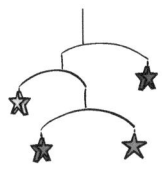

dat Mobile

karuselė

dat Brettspeel

stalo žaidimas

de Wörpel

kauliukai

de Modelliesenbahn

žaislinis traukinys

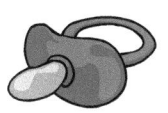

de Snuller

žindukas

de Party

vakarėlis

dat Billerbook

paveiksliukų knygelė

de Ball

kamuolys

de Popp

lėlė

spelen

žaisti

de Sandkassen

smėlio dėžė

de Schuckel

sūpynės

dat Speeltüüch

žaislai

de Speelkonsool

žaidimų konsolė

dat Dreerad

triratukas

de Teddyboor

meškiukas

dat Klederschapp

drabužių spinta

dat Tüüch

drabužis

de Socken

kojinės

de Strümp

kojinės virš kelių

de Strumpbüx

pėdkelnės

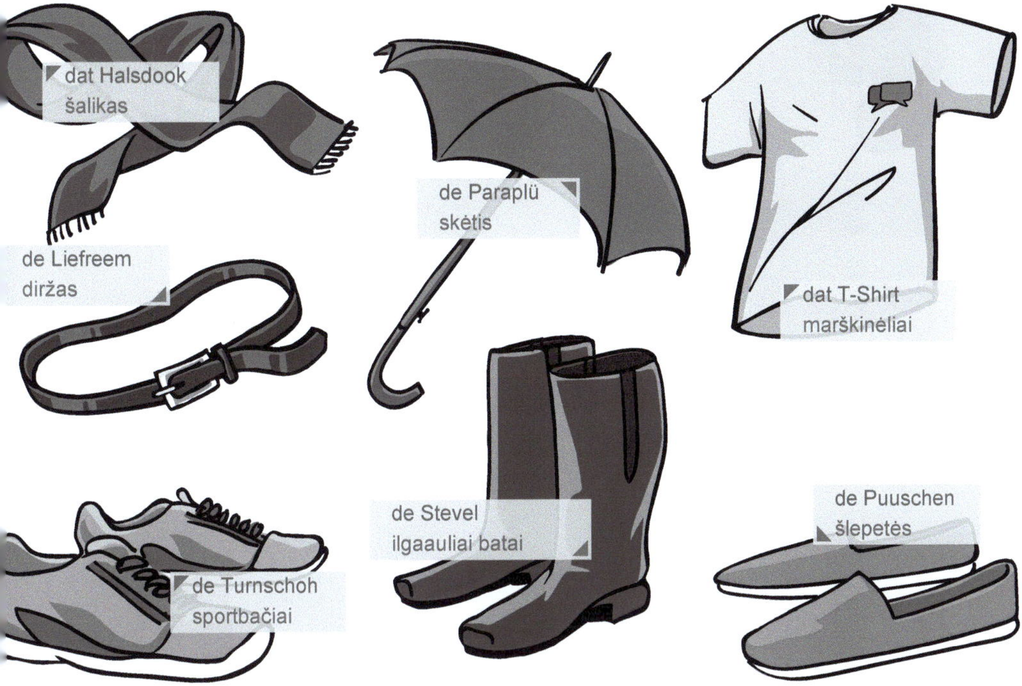

dat Halsdook
šalikas

de Paraplü
skėtis

dat T-Shirt
marškinėliai

de Liefreem
diržas

de Stevel
ilgaauliai batai

de Puuschen
šlepetės

de Turnschoh
sportbačiai

de Sandalen
sandalai

de Schoh
batai

de Gummistevel
guminiai batai

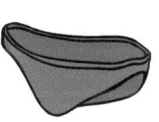

de Ünnerbüx
trumpikės

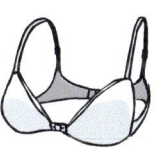

de Bostholler
liemenėlė

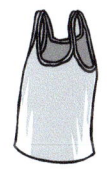

dat Ünnerhemd
liemenė

de Lief

glaustinukė

de Büx

kelnės

de Jeansnüx

džinsai

de Rock

sijonas

de Bluus

palaidinė

dat Hemd

marškiniai

de Pullover

megztinis

de Kapuzenpullover

megztinis su gobtuvu

de Blazer

švarkelis

de Jack

švarkas

de Mantel

paltas

de Övertrecker

lietpaltis

dat Kostüm

kostiumas

dat Kleed

suknelė

dat Hochtietskleed

vestuvinė suknelė

de Antog

kostiumas

dat Nachtkleed

naktiniai marškiniai

de Slaapantog

pižama

de Sari

saris

dat Koppdook

skarelė

de Turban

tiurbanas

de Burka

burka

de Kaftan

kaftanas

de Abaya

abaja

de Baadantog

maudymosi kostiumėlis

de Baadbüx

glaudės

de Korte Büx

šortai

de Antog to'n Öven

sportinis kostiumas

de Schört

prijuostė

de Handschoh

pirštinės

de Knopp
saga

de Brill
akiniai

dat Armband
apyrankė

de Halskeed
vėrinys

de Ring
žiedas

de Ohrbummel
auskaras

de Mütz
kepurė

de Klederbögel
pakabas

de Hoot
skrybėlė

de Binner
kaklaraištis

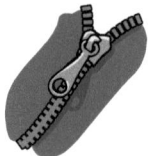

de Rietslüter
užtrauktukas

de Helm
šalmas

dat Drachtband
breketai

de Schooluniform
mokyklinė uniforma

de Uniform
uniforma

de Severböten
....
seilinukas

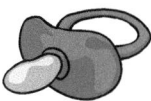

de Snuller
....
žindukas

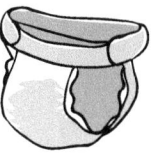

de Winnel
....
vystyklai

dat Büro
biuras

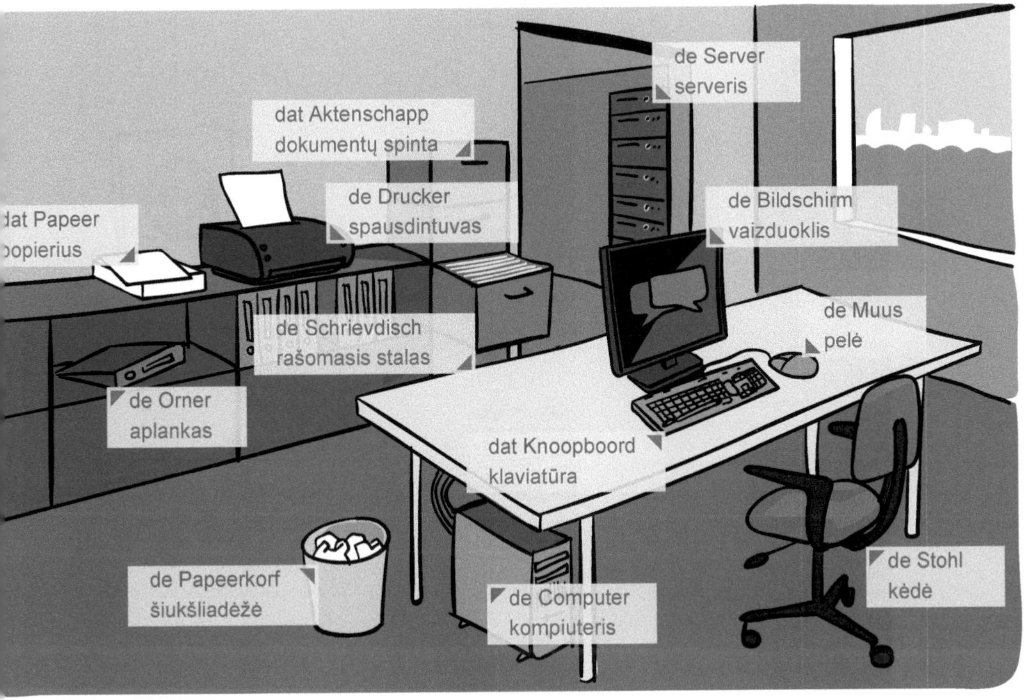

de Server
serveris

dat Aktenschapp
dokumentų spinta

de Drucker
spausdintuvas

de Bildschirm
vaizduoklis

dat Papeer
popierius

de Schrievdisch
rašomasis stalas

de Muus
pelė

de Orner
aplankas

dat Knoopboord
klaviatūra

de Papeerkorf
šiukšliadėžė

de Computer
kompiuteris

de Stohl
kėdė

de Koffiebeker
....
kavos puodelis

de Taschenreekner
....
kalkuliatorius

dat Internet
....
internetas

de Klappreekner

nešiojamasis kompiuteris

de Breef

laiškas

de Naricht

žinutė

de Ackersnacker

mobilusis telefonas

dat Nettwark

tinklas

de Kopeerapparat

fotokopijavimo aparatas

de Software

programinė įranga

de Klöönkassen

telefonas

de Steekdoos

kištukinis lizdas

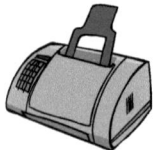

de Faxapparat

faksas

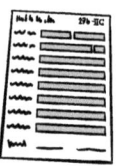

dat Formulor

forma

dat Dokument

dokumentas

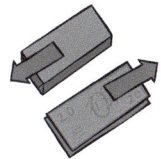

köpen

pirkti

betahlen

mokėti

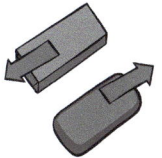

hanneln

prekiauti

dat Geld

pinigai

de Dollar

doleris

de Euro

euras

de Yen

jena

de Ruvel

rublis

de Swiezer Franken

Šveicarijos frankas

de Renminbi Yuan

juanis

de Rupie

rupija

de Geldautomat

bankomatas

de Wesselstuuv

valiutos keitykla

dat Gold

auksas

dat Sülver

sidabras

dat Ööl

nafta

de Energie

energija

de Pries

kaina

de Verdrag

sutartis

de Stüer

mokestis

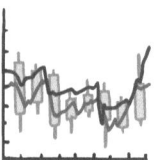

de Andeelschien

akcijos

arbeiden

dirbti

de Anstellte

darbuotojas

de Arbeitgever

darbdavys

de Fabrik

gamykla

de Hökerie

parduotuvė

de Profeschonen
profesijos

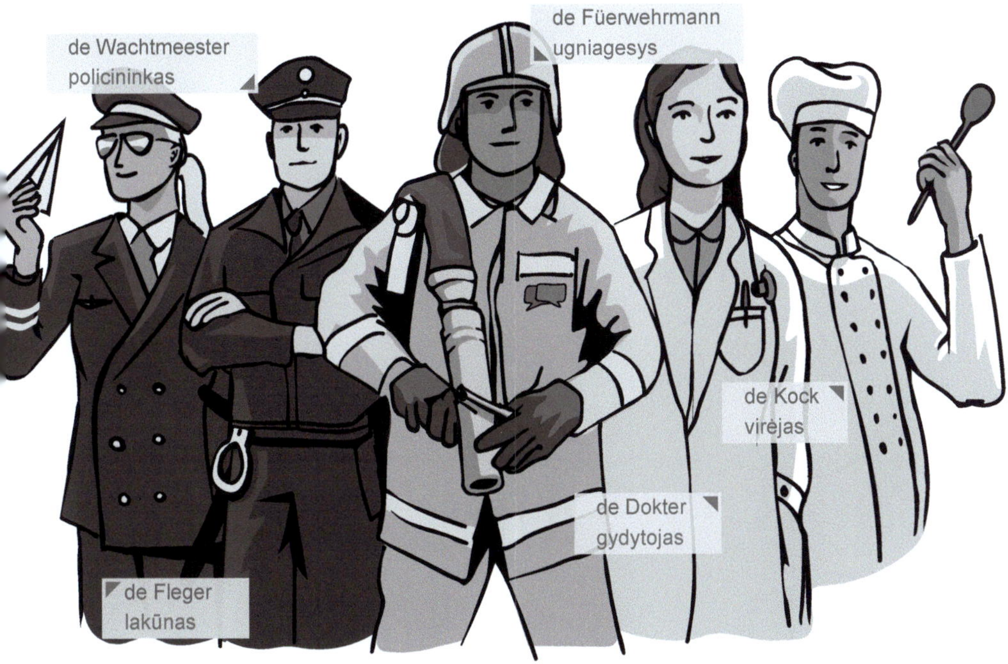
de Wachtmeester
policininkas
de Füerwehrmann
ugniagesys
de Kock
virėjas
de Dokter
gydytojas
de Fleger
lakūnas

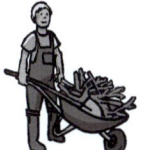

de Goorner

sodininkas

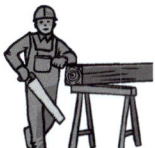

de Discher

stalius

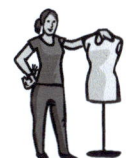

de Neihersche

siuvėja

de Richter

teisėjas

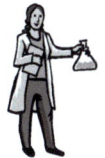

de Chemiker

chemikas

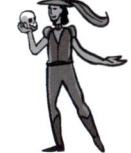

de Schauspeler

aktorius

de Busfohrer

autobuso vairuotojas

de Taxifohrer

taksi vairuotojas

de Fischer

žvejys

de Reinmaakfru

valytoja

de Dackdecker

stogdengys

de Kellner

padavėjas

de Jäger

medžiotojas

de Maler

dailininkas

de Bäcker

kepėjas

de Elektriker

elektrikas

de Buarbeider

statybininkas

de Ingenieur

inžinierius

de Slachter

mėsininkas

de Klempner

santechnikas

de Postbüdel

paštininkas

de Suldat

kareivis

de Architekt

architektas

de Kasserer

kasininkas

de Florist

gėlininkas

de Putzbüdel

kirpėjas

de Schaffner

konduktorius

de Mechaniker

mechanikas

de Kaptein

kapitonas

de Tähndokter

odontologas

de Wetenschopler

mokslininkas

de Rabbi

rabinas

de Imam

imamas

de Mönk

vienuolis

de Paap

kunigas

dat Warktüüch

įrankiai

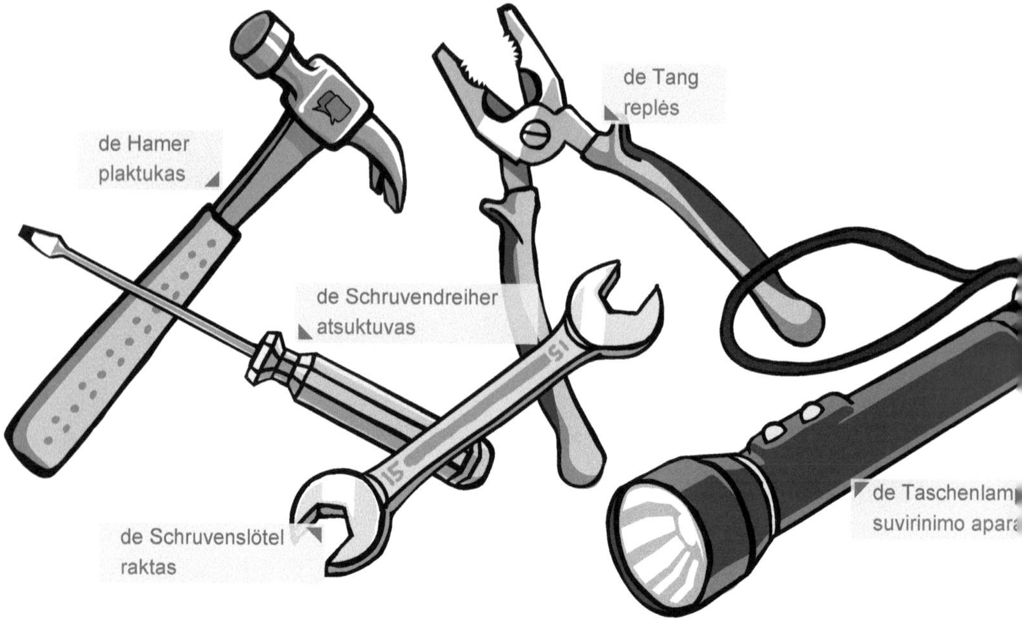

de Tang
replės
de Hamer
plaktukas
de Schruvendreiher
atsuktuvas
de Taschenlam
suvirinimo apar
de Schruvenslötel
raktas

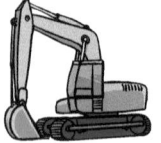

de Grieper

ekskavatorius

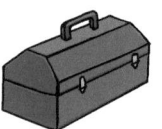

de Warktüüchkassen

įrankių dėžė

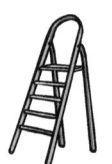

de Ledder

kopėčios

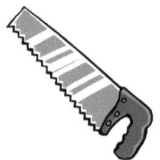

de Saag

pjūklas

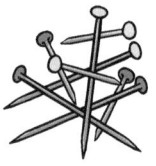

de Nagels

vinys

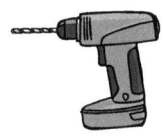

de Bohrer

grąžtas

heelmaken

taisyti

de Schüffel

kastuvas

Schiet!

Velniava!

dat Kehrblick

semtuvėlis

de Farvpott

dažų skardinė

de Schruven

varžtai

de Musikinstrumenten
muzikos instrumentai

de Luutsnacker
garsiakalbis

dat Slagtüüch
būgnų rinkinys

de Rietfiedel
gitara

de Bass-Vigelien
kontrabosas

de Trumpeet
trimitas

dat Klaveer

pianinas

de Vigelien

smuikas

de Bass

bosinė gitara

de Pauk

timpanas

de Trummeln

būgnai

dat Keyboard

sintezatorius

dat Saxophon

saksofonas

de Fleut

fleita

dat Mikrofoon

mikrofonas

de Musikinstrumenten - muzikos instrumentai

de Deertenpark

zoologijos sodas

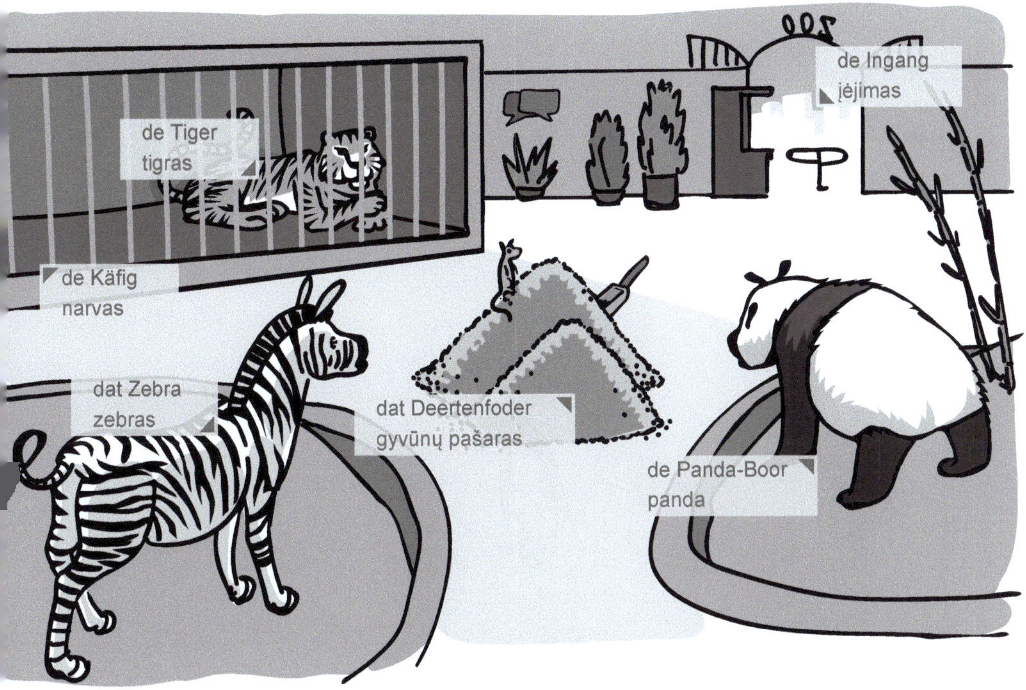

de Ingang
įėjimas
de Tiger
tigras
de Käfig
narvas
dat Zebra
zebras
dat Deertenfoder
gyvūnų pašaras
de Panda-Boor
panda

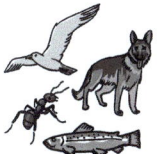

de Deerten

gyvūnai

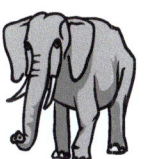

de Elefant

dramblys

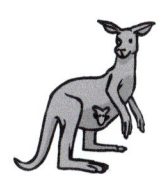

dat Känguru

kengūra

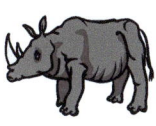

dat Neeshoorn

raganosis

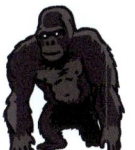

de Gorilla

gorila

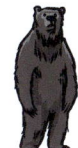

de Boor

meška

dat Kameel
kupranugaris

de Struuß
strutis

de Lööv
liūtas

de Aap
beždžionė

de Flamingo
flamingas

de Papagoi
papūga

de Iesboor
baltoji meška

de Pinguin
pingvinas

de Haifisch
ryklys

de Pageluun
povas

de Slang
gyvatė

dat Krokodil
krokodilas

de Oppasser in'n
Deertenpark
zoologijos sodo prižiūrėtojas

de Saalhund
ruonis

de Jaguor
jaguaras

dat Pony

ponis

de Leopard

leopardas

dat Nilpeerd

begemotas

de Giraff

žirafa

de Aadler

erelis

dat Wildswien

šernas

de Fisch

žuvis

de Schildkrööt

vėžlys

dat Walross

vėplys

de Voss

lapė

de Gazell

gazelė

de Amerikaansch Football
amerikietiškas futbolas

dat Radfohren
dviračių sportas

dat Tennis
tenisas

de Korfball
krepšinis

dat Swümmen
plaukimas

dat Boxen
boksas

dat Ieshockey
ledo ritulys

de Football
....
futbolas

dat Fedderball
....
badmintonas

de Leichtathletik
....
atletika

de Handball
....
rankinis

dat Skilopen
....
slidinėjimas

dat Polo
....
polas

de Aktivitäten
užsiėmimai

lachen
juoktis
springen
šokinėti
ümarmen
apkabinti
gahn
vaikščioti
singen
dainuoti
drömen
svajoti
beden
melstis
snuteln
bučiuoti

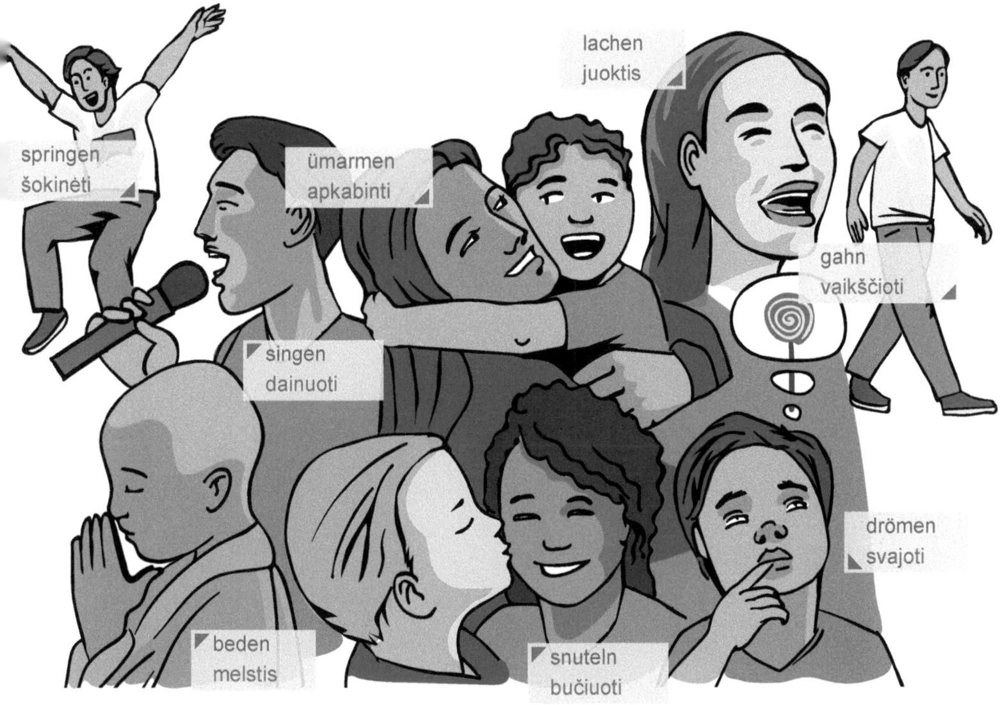

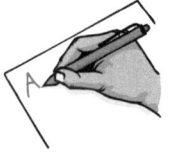

schrieven

rašyti

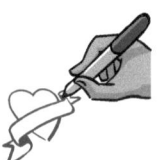

teken

piešti

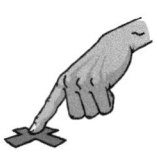

wiesen

rodyti

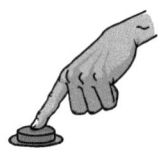

drücken

stumti

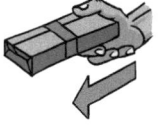

geven

duoti

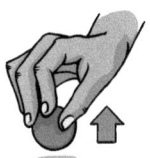

nehmen

imti

hebben
....
turėti

doon
....
daryti

sien
....
būti

stahn
....
stovėti

lopen
....
bėgti

trecken
....
traukti

smieten
....
mesti

fallen
....
kristi

liggen
....
meluoti

töven
....
laukti

dregen
....
nešti

sitten
....
sėdėti

antrecken
....
rengtis

slapen
....
miegoti

opwaken
....
pabusti

ankieken

žiūrėti

wenen

verkti

eien

glostyti

kämmen

šukuoti

snacken

kalbėti

verstahn

suprasti

fragen

paklausti

hören

klausytis

drinken

gerti

eten

valgyti

oprümen

tvarkytis

leefhebben

mylėti

kaken

gaminti

fohren

vairuoti

flegen

skristi

segeln

buriuoti

reken

skaičiuoti

lesen

skaityti

lehren

mokytis

arbeiden

dirbti

de Plünnen tohoopsmieten

vesti

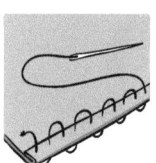

neihen

siūti

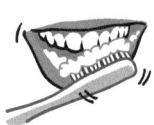

Tähnen putzen

valytis dantis

dootmaken

žudyti

smöken

rūkyti

schicken

siųsti

de Familje
šeima

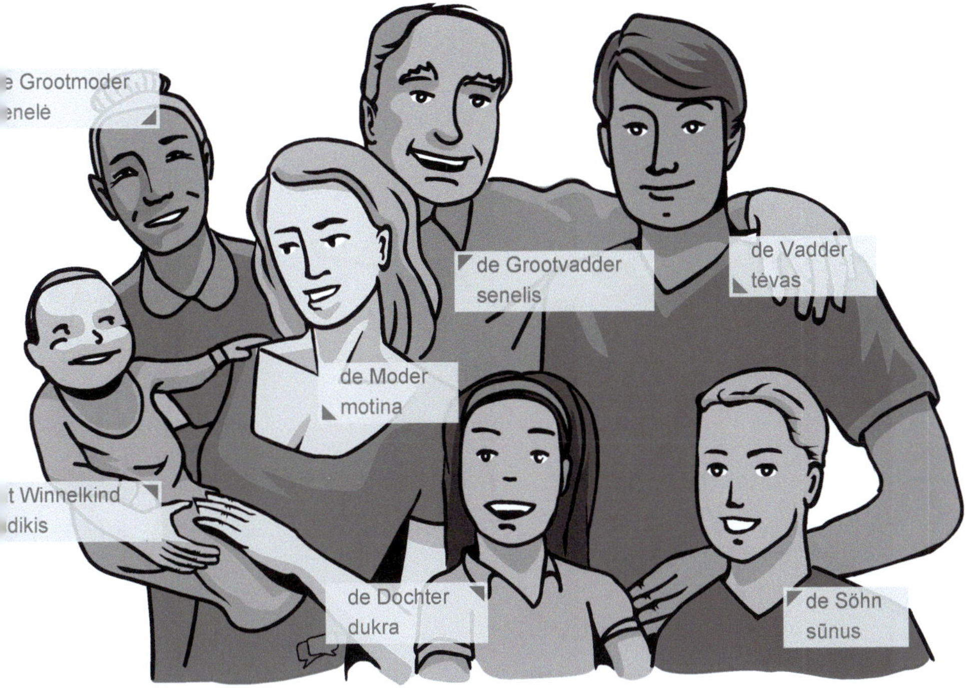
e Grootmoder
enelė
de Grootvadder
senelis
de Vadder
tėvas
de Moder
motina
t Winnelkind
dikis
de Dochter
dukra
de Söhn
sūnus

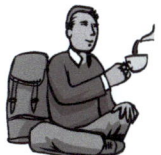

de Gast
svečias

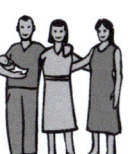

de Tant
teta

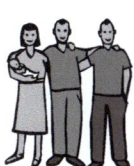

de Unkel
dėdė

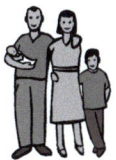

de Broder
brolis

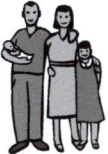

de Süster
sesuo

de Lief

kūnas

de Vörkopp
kakta
dat Oog
akis
de Schuller
petys
de Finger
pirštas
dat Gesicht
veidas
dat Kinn
smakras
de Hand
plaštaka
dat Been
koja
de Bost
krūtinė
de Arm
ranka

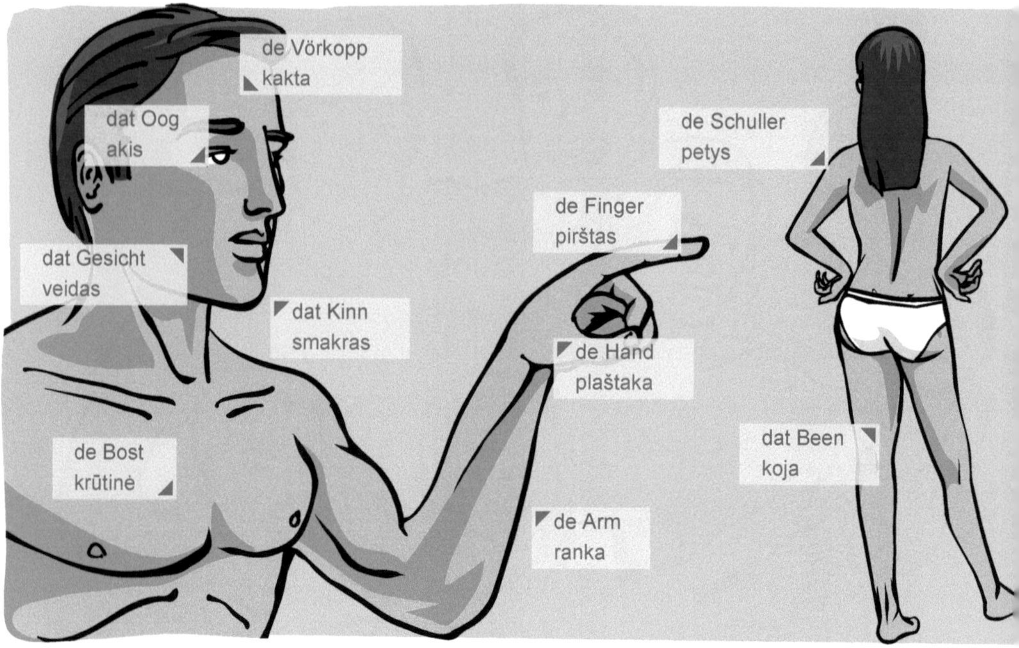

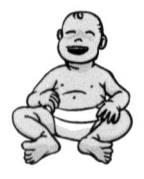

dat Winnelkind

kūdikis

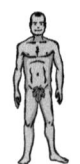

de Mann

vyras

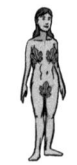

de Fro

moteris

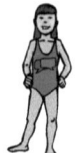

de Deern

mergaitė

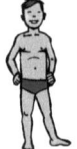

de Jung

berniukas

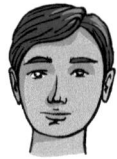

de Arm

galva

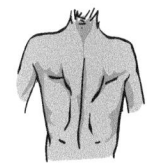

de Rüch

nugara

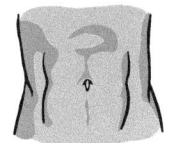

de Buuk

pilvas

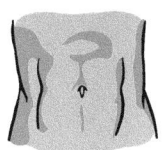

de Navel

bamba

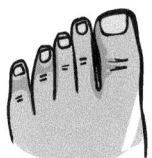

de Teh

kojos pirštas

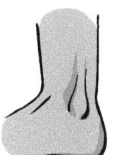

de Hack

kulnas

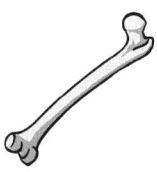

de Knaken

kaulas

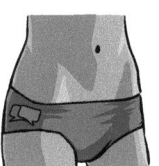

de Hüft

klubas

dat Knee

kelis

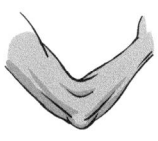

de Ellbagen

alkūnė

de Nees

nosis

de Achtersen

sėdmenys

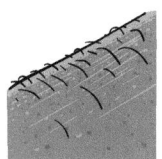

de Huut

oda

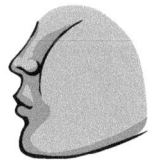

de Back

skruostas

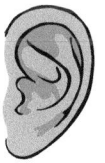

dat Ohr

ausis

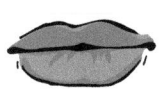

de Lipp

lūpa

de Lief - kūnas

de Mund

burna

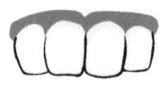

de Tähn

dantis

de Tung

liežuvis

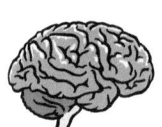

de Bregen

smegenys

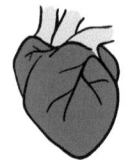

dat Hart

širdis

de Muskel

raumuo

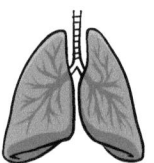

de Lung

plaučiai

de Lever

kepenys

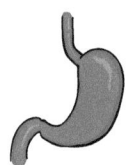

de Maag

skrandis

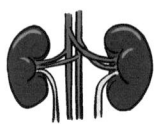

de Neren

inkstai

de Bislaap

seksas

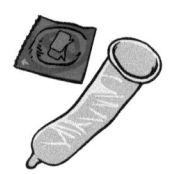

dat Kondoom

prezervatyvas

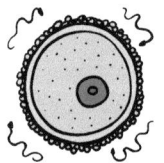

de Eizell

kiaušialąstė

dat Sperma

sperma

de Anner Ümstänn

nėštumas

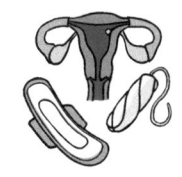

de Menstruatschoon

menstruacijos

de Scheed

makštis

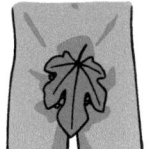

de Pint

varpa

de Ogenbroe

antakis

dat Hoor

plaukai

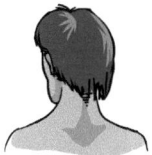

de Hals

kaklas

dat Krankenhuus
ligoninė

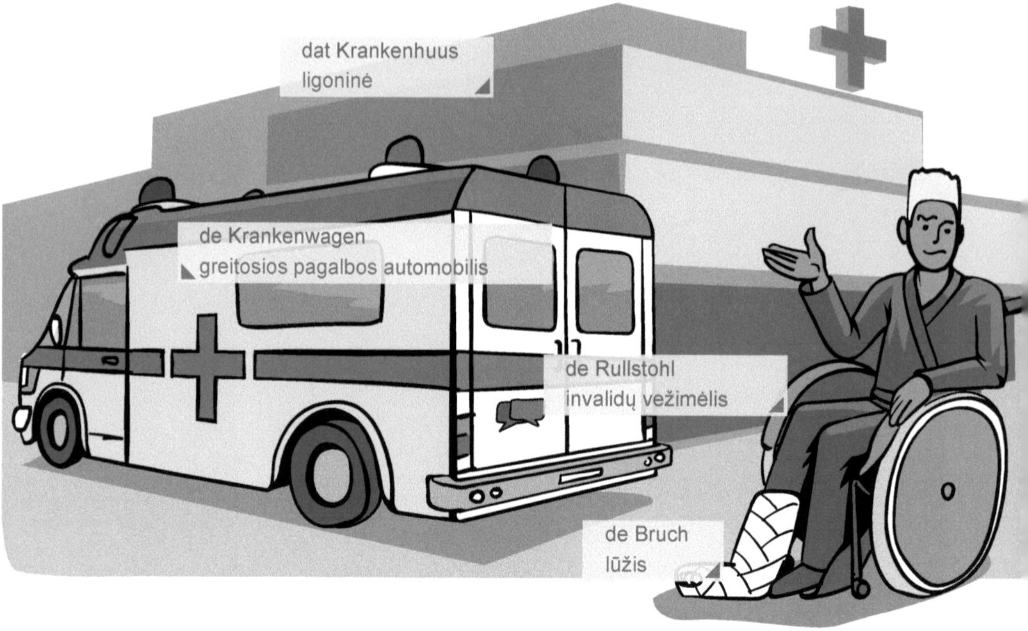

dat Krankenhuus
ligoninė
de Krankenwagen
greitosios pagalbos automobilis
de Rullstohl
invalidų vežimėlis
de Bruch
lūžis

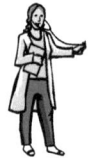

de Dokter

gydytojas

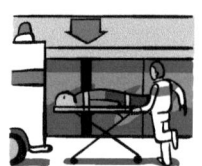

de Nootopnahm

skubios pagalbos skyrius

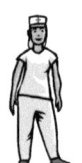

de Krankensüster

slaugytoja

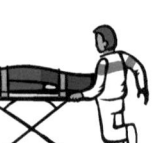

de Nootfall

nelaimingas atsitikimas

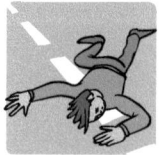

ahnmächtig

be sąmonės

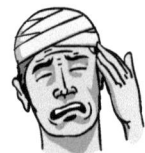

de Wehdaag

skausmas

de Verwunnen

sužalojimas

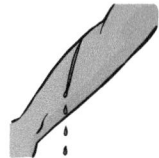

de Blöden

kraujavimas

de Hartinfarkt

širdies smūgis

de Slaganfall

insultas

de Allergie

alergija

de Hoosten

kosulys

dat Fever

karščiavimas

de Gripp

gripas

de Dörchfall

viduriavimas

de Koppwehdaag

galvos skausmas

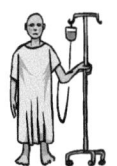

de Kreeft

vėžys

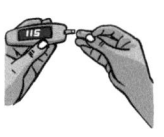

de Zuckersüük

diabetas

de Chirurg

chirurgas

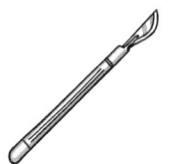

dat Chirurgsch Mess

skalpelis

de Operatschoon

operacija

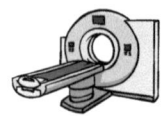

dat CT

KT

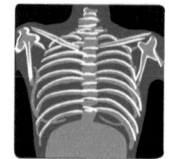

de Dörchlüchten

rentgenas

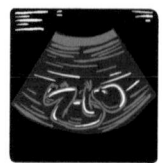

de Ultraschall

ultragarsas

de Mask

veido kaukė

de Krankheit

liga

de Tȫövruum

laukiamasis

de Krück

ramentas

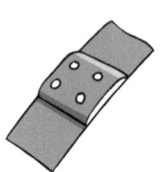

dat Plaaster

gipsas

de Verband

tvarstis

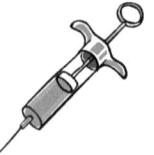

de Insprütten

injekcija

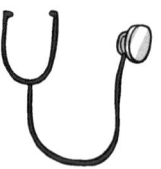

dat Stethoskop

stetoskopas

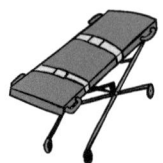

de Draag

neštuvai

dat Feverthermometer

termometras

de Geboort

gimimas

dat Övergewicht

antsvoris

de Höörapparat

klausos aparatas

dat Kiemfriemiddel

dezinfekavimo priemonė

de Ansteken

infekcija

de Virus

virusas

dat HIV / AIDS

ŽIV / AIDS

dat Heelmiddel

vaistas

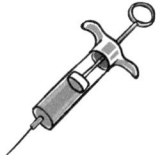

de Impen

skiepijimas

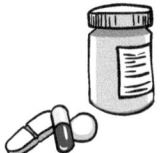

de Tabletten

tabletės

de Pill

piliulė

de Nootroop

skubios pagalbos numeris

de Blootdruck-Meter

kraujospūdžio matuoklis

krank / gesund

ligotas / sveikas

Hölp!

Padėkite!

de Alarm

pavojaus signalas

de Överfall

užpuolimas

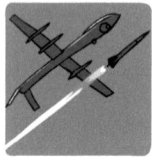

de Angreep

ataka

de Gefohr

pavojus

de Nootutgang

avarinis išėjimas

dat Füer!

Gaisras!

de Füerlöscher

gesintuvas

de Unfall

nelaimingas atsitikimas

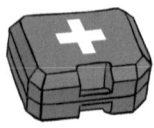

de Noothölpkoffer

pirmosios pagalbos rinkinys

SOS

SOS

de Polizei

policija

Europa

Europa

Noordamerika

Šiaurės Amerika

Süüdamerika

Pietų Amerika

Afrika

Afrika

Asien

Azija

Australien

Australija

de Atlantik

Atlanto vandenynas

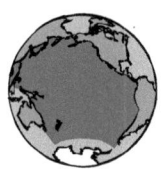

de Pazifik

Ramusis vandenynas

dat Indisch Weltmeer

Indijos vandenynas

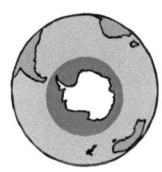

dat Antarktisch Weltmeer

Pietų vandenynas

dat Arktisch Weltmeer

Arkties vandenynas

de Noordpol

Šiaurės ašigalis

de Süüdpol

Pietų ašigalis

de Antarktis

Antarktida

de Eerd

Žemė

dat Land

sausuma

de See

jūra

dat Eiland

sala

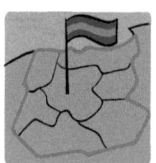

de Natschoon

tauta

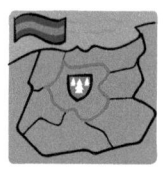

de Staat

valstybė

dat Tallenblatt

ciferblatas

de Stunnenwieser

valandinė rodyklė

de Minutenwieser

minutinė rodyklė

de Sekunnenwieser

sekundinė rodyklė

Wo laat is dat?

Kiek valandų?

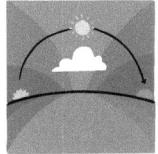

de Dag

diena

de Tiet

laikas

nu

dabar

de digetaalsch Klock

skaitmeninis laikrodis

de Minuut

minutė

de Stunn

valanda

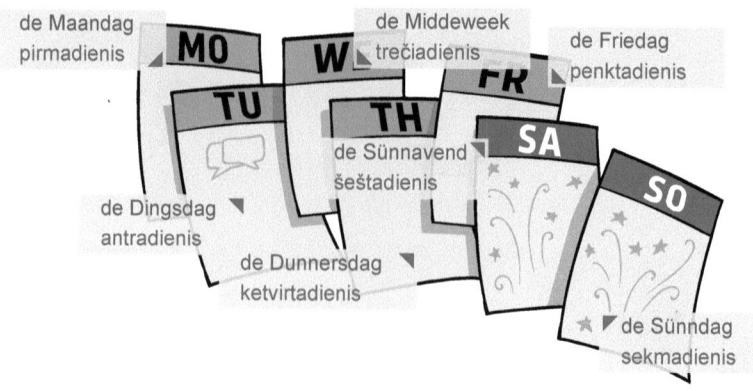

de Maandag
pirmadienis

de Middeweek
trečiadienis

de Friedag
penktadienis

de Dingsdag
antradienis

de Sünnavend
šeštadienis

de Dunnersdag
ketvirtadienis

de Sünndag
sekmadienis

güstern

vakar

hüüt

šiandien

morgen

rytoj

de Morgen

rytas

de Meddag

vidurdienis

de Avend

vakaras

MO	TU	WE	TH	FR	SA	SU
1	2	3	4	5	6	7
8	9	10	11	12	13	14
15	16	17	18	19	20	21
22	23	24	25	26	27	28
29	30	31	1	2	3	4

de Arbeitsdaag

darbo dienos

MO	TU	WE	TH	FR	SA	SU
1	2	3	4	5	6	7
8	9	10	11	12	13	14
15	16	17	18	19	20	21
22	23	24	25	26	27	28
29	30	31	1	2	3	4

dat Wekenenn

savaitgalis

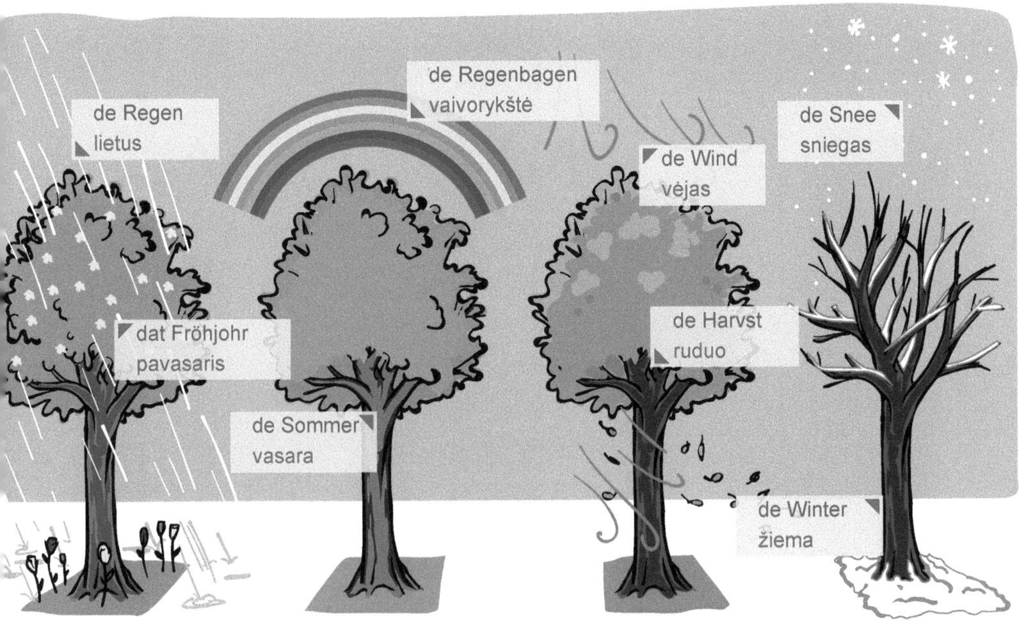

de Regenbagen
vaivorykštė
de Regen
lietus
de Snee
sniegas
de Wind
vėjas
dat Fröhjohr
pavasaris
de Harvst
ruduo
de Sommer
vasara
de Winter
žiema

4.APRIL 11°
5.APRIL 4°
6.APRIL 13°
7.APRIL 8°
8.APRIL 10°

de Wedervörhersaag

orų prognozė

F C
120 40
90 30
60 20
30 10
0 0
-30 -10
-20

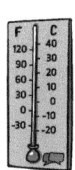

dat Thermometer

lauko termometras

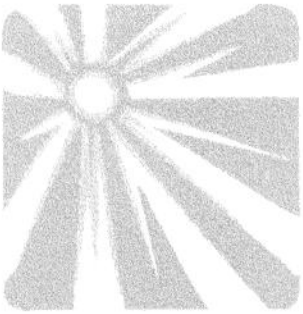

de Sünnenschien

saulės šviesa

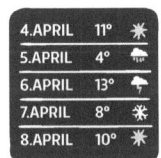

de Wulk

debesis

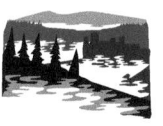

de Nevel

rūkas

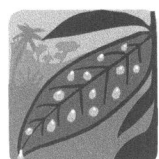

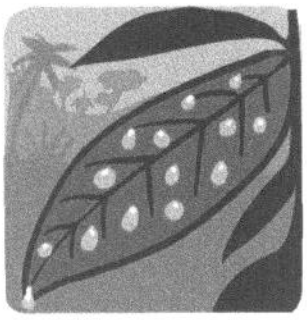

de Luftfuchtigkeit

drėgmė

de Blitz

žaibas

de Dunner

griaustinis

de Storm

audra

de Hagel

kruša

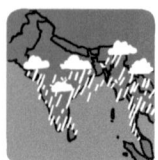

de Monsun

musonas

de Floot

potvynis

dat Ies

ledas

de Januormaand

sausis

de Februormaand

vasaris

de Martmaand

kovas

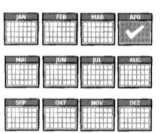

de Aprilmaand

balandis

de Maimaand

gegužė

de Junimaand

birželis

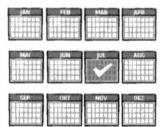

de Julimaand

liepa

de Augustmaand

rugpjūtis

de Septembermaand
....
rugsėjis

de Oktobermaand
....
spalis

de Novembermaand
....
lapkritis

de Dezembermaand
....
gruodis

de Krink
....
apskritimas

dat Quadrat
....
kvadratas

dat Rechteck
....
stačiakampis

dat Dreeeck
....
trikampis

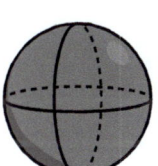

de Kugel
....
sfera

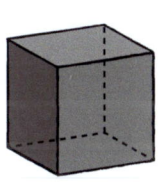

de Wörpel
....
kubas

de Farven
spalvos

witt
....
balta

geel
....
geltona

orangsch
....
oranžinė

pink
....
rožinė

root
....
raudona

lila
....
violetinė

blau
....
mėlyna

gröön
....
žalia

bruun
....
ruda

gries
....
pilka

swart
....
juoda

veel / wenig
daug / mažai

böös / verdreeglich
piktas / ramus

smuck / mies
gražus / bjaurus

de Begünn / dat Enn
pradžia / pabaiga

groot / lütt
didelis / mažas

hell / düüster
šviesus / tamsus

de Broder / de Süster
brolis / sesuo

schier / schietig
švarus / purvinas

kumpleet / nich kumpleet
užbaigtas / neužbaigtas

de Dag / de Nacht
diena / naktis

doot / lebennig
miręs / gyvas

breet / small
platus / siauras

geneetbor / nich geneetbor

valgomas / nevalgomas

böös / fründlich

piktas / malonus

fickerig / langwielt

linksmas / nuobodus

dick / dünn

storas / plonas

toeerst / toletzt

pirmiausia / paskiausia

de Fründ / de Fiend

draugas / priešas

vull / leddig

pilnas / tuščias

hart / week

kietas / minkštas

swoor / licht

sunkus / lengvas

de Smacht / de Döst

alkis / troškulys

krank / gesund

ligotas / sveikas

nich na't Recht / na't Recht

nelegalus / legalus

klook / dummerhaftig

protingas / kvailas

linkerhand / rechterhand

kairė / dešinė

neeg / feern

arti / toli

de Gegendelen - priešingos reikšmės žodžiai

nieg / bruukt

naujas / naudotas

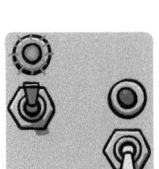

nix / wat

niekas / kažkas

oolt / jung

senas / jaunas

an / ut

įjungta / išjungta

apen / slaten

atidaryta / uždaryta

lies / luut

tylus / garsus

riek / arm

turtingas / vargšas

richtig / verkehrt

teisus / neteisus

ruug / glatt

šiurkštus / švelnus

trurig / glücklich

liūdnas / laimingas

kort / lang

trumpas / ilgas

suutje / flink

lėtas / greitas

natt / dröög

drėgnas / sausas

warm / köhl

šiltas / šaltas

de Krieg / de Freden

karas / taika

0	**1**	**2**
null	een	twee
nulis	vienas	du

3	**4**	**5**
dree	veer	fief
trys	keturi	penki

6	**7**	**8**
söss	söven	acht
šeši	septyni	aštuoni

9	**10**	**11**
negen	teihn	ölven
devyni	dešimt	vienuolika

12

twölf
dvylika

13

dörteihn
trylika

14

veerteihn
keturiolika

15

föffteihn
penkiolika

16

sössteihn
šešiolika

17

söventeihn
septyniolika

18

achtteihn
aštuoniolika

19

negenteihn
devyniolika

20

twintig
dvidešimt

100

hunnert
šimtas

1.000

dusend
tūkstantis

1.000.000

million
milijonas

dat Engelsch

anglų

dat Amerikaansch Engelsch

amerikiečių anglų

dat Chineesch Mandarin

kinų (mandarinų)

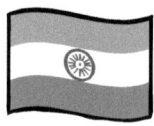

dat Hindi

hindi

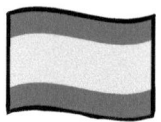

dat Spaansch

ispanų

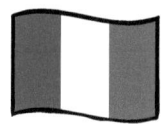

dat Franzöösch

prancūzų

dat Araabsch

arabų

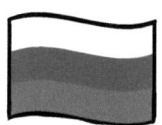

dat Rusch

rusų

dat Portugiesch

portugalų

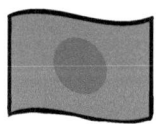

dat Bengaalsch

bengalų

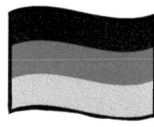

dat Düütsch

vokiečių

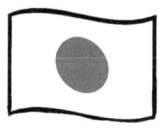

dat Japaansch

japonų

ik

aš

du

tu

he / se / dat

jis / ji

wi

mes

ji

jūs

se

jie

keen?

kas?

wat?

ką?

woans?

kaip?

woneem?

kur?

wannehr?

kada?

de Naam

vardas

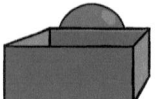

achter

už

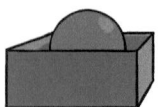

in

kur (vieta)

vör

priešais

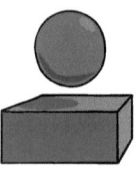

över

virš

op

ant

ünner

po

blangen

prie

twüschen

tarp

de Oort

vieta